SEVILLA MÁGICA Y ETERNA

TEXTO Y FOTOGRAFÍAS: INMACULADA MANSILLA CEJAS

SEVILLA MÁGICA Y ETERNA

INMACULADA MANSILLA CEJAS

EDITORIAL
SARGANTANA

Email: info@editorialsargantana.com
www.editorialsargantana.com

Primera edición: Noviembre, 2018
Impreso en Valencia

PEFC
Los papeles que usamos son ecológicos, libres de cloro y proceden de bosques gestionados de manera eficiente.

ISBN: 978-84-16900-96-1
Depósito legal: V-2888-2018

A mi querida madre, Concepción Cejas Cejas, la persona que más quiero de este mundo y que tanto ha luchado y se ha sacrificado en la vida por ofrecerme unos estudios y una preparación con la finalidad de que fuese una mujer libre e independiente, además de brindarme todo su apoyo y amor.

A mi padre José Mansilla Fernández, mi hermana María Teresa Mansilla Cejas, mi primo José Manuel Cosano Cejas y mi amiga María José Bueno Arate que estuvieron a mi lado apoyándome y dándome todo su cariño cuando viví, hace unos años, los momentos más difíciles de mi vida.

ÍNDICE

11 **Los orígenes míticos de Sevilla**

17 **Sevilla en la época romana**

23 **Sevilla en la época visigoda**

29 **Sevilla en la época musulmana**

77 **Sevilla tras la conquista por San Fernando en 1248**

85 **Sevilla durante los reinados de Alfonso X y de Sancho IV**

97 **Sevilla durante el siglo XIV y buena parte del siglo XV**

97 SEVILLA DURANTE LOS REINADOS DE FERNANDO IV Y DE ALFONSO XI

101 SEVILLA DURANTE EL REINADO DEL REY PEDRO I, *EL JUSTICIERO*, CONOCIDO POR OTROS COMO PEDRO I *EL CRUEL*

111 SEVILLA DURANTE EL REINADO DE CINCO REYES DE LA MONARQUÍA DE LOS TRASTÁMARA

125 **La judería de Sevilla en la Edad Media**

133	La Sevilla de los Reyes Católicos. La Sevilla del descubrimiento
145	La Sevilla de Carlos V y Felipe II. La Sevilla renacentista
175	La Sevilla del siglo XVII
191	La Sevilla del siglo XVIII
215	Sevilla durante el reinado de Carlos IV y el gobierno francés
225	Sevilla durante el reinado de Fernando VII
231	Sevilla durante el reinado de Isabel II
239	Sevilla: escenario de la gran historia de amor de Alfonso XII
251	Sevilla durante la regencia de María Cristina de Habsburgo-Lorena y durante los primeros años del reinado de Alfonso XIII
259	Sevilla y la Exposición Iberoamericana de 1929

299	Sevilla durante la Segunda República española
303	Sevilla desde la finalización de la Guerra Civil hasta los primeros años de la democracia
315	Sevilla y la Exposición Universal de 1992
325	Las controvertidas últimas novedades arquitectónicas y urbanísticas hispalenses
331	Otras curiosidades de Sevilla
343	BIBLIOGRAFÍA

LOS ORÍGENES MÍTICOS DE SEVILLA

¿Sabías que, según la leyenda, Sevilla fue fundada por Julio César y que este le puso a la ciudad el nombre de *Julia Rómula* aunando así su propio nombre y el de la mismísima ciudad de Roma?

__Híspalis__ —Sevilla— la fundó __Julio César__, que de su nombre y de la ciudad de Roma le llamó Julia Rómula. Se llamó Híspalis por el lugar, porque está edificada en un suelo lacustre, sobre palos hincados profundamente para que no se hundiera debido al terreno resbaladizo e inestable[1].

Según esta cita de ***san Isidoro***, Sevilla fue fundada por Julio César, llegando incluso a comparar Sevilla con la eterna ciudad de Roma al otorgarle el nombre de ***Julia Rómula***. Es a este famoso arzobispo de Sevilla a quien debemos el origen de la leyenda que dice que la ciudad hispalense fue fundada sobre palos, puesto que en su obra titulada ***Etimologías*** sería el primer autor que nos hablara de este hecho. En esto coincide también ***Jiménez de Rada***, otro importante arzobispo hispalense, quien, además, nos aporta otro dato que uniría a la ciudad hispalense con el mismísimo ***Hércules***, tal y como podemos comprobar:

E después fuesse —Hércules— contra Beta, quien ahora dicen Guadalquivir, e posó en la campiña, e pobló entonces la noble ciudad de Sevilla, e púsole nombre porque las primeras moradas que antaño fueron fechas como chozas, poniendo palos de yuso.

La leyenda de la fundación de Sevilla ha descansado sobre estas dos citas de tan famosos e importantes arzobispos sevillanos. Hércules y Julio César siguen a día de hoy presentes en la ciudad, siendo importantes emblemas y decorando las efigies de ambos personajes en lugares tan señeros como el arquillo del Ayuntamiento o las columnas de la Alameda de Hércules.

---

1. SAN ISIDORO. *Etimologías*. Libro XV, capítulo 1, 71.

Esculturas Hércules y Julio César. Arquillo del Ayuntamiento

¿Sabías que la tradición señala a Hércules como el primer fundador de Sevilla? Pero, ¿se trata solo de una leyenda o se esconde tras ella parte de verdad? ¿Fue Hércules tan solo un héroe o semidiós de la Mitología Clásica o un hombre real que debido a sus méritos llegó a ser elevado a los altares?

Son muchos los autores que coinciden en creer que Sevilla fue fundada por Hércules, destacando en tal creencia Beroso, Alfonso X ***El Sabio***, Florián de Ocampo, Alonso de Morgado y **José María de Mena**, quien manifiesta lo siguiente:

Todos los historiadores están de acuerdo en que Sevilla fue fundada por un navegante fenicio que, procedente de Tyro, y después de haber pasado algún tiempo en Egipto, cruzó el Mediterráneo, remontó el Guadalquivir que todavía conservaba su aspecto de lago y construyó una factoría comercial, a la que daría el nombre de Híspalis. Este navegante, Hércules, no solo realizó el admirable viaje cruzando el mar, aún entonces ignoto, sino que trajo a la península ibérica la religión fenicia, y creó importantes lazos comerciales, principalmente adquiriendo el monopolio de las pieles de toro de la región Bética. Por estos méritos religiosos y cívicos a su muerte fue elevado a los altares. Tal es ni más ni menos la historia de Hércules, navegante, fundador de Sevilla y posteriormente convertido en dios de la mitología[2].

¿A qué se debe el nombre de *Híspalis*? ¿Cuánto hay de verdad en las palabras de san Isidoro? ¿Es verdad que Sevilla fue fundada sobre palos y por ello se acabó llamando *Híspalis*?

A diferencia del consenso respecto a la fundación de la ciudad por Hércules, hay discrepancia con respecto al origen de su nombre. Muchos autores se oponen a la idea de san Isidoro, según la cual el nombre de ***Híspalis*** se derivaría de haber sido fundada sobre palos o palafitos.

El célebre poeta **Rodrigo Caro** fue el primero en oponerse a la posibilidad de que ***Híspalis*** significase ciudad lacustre o ciudad edificada sobre palos o palafitos. Rodrigo Caro argumentaría en su favor que, cuando Sevilla fue edificada, aún no había aquí pobladores procedentes de Italia

---

2. JOSÉ MARÍA DE MENA. *Historia de Sevilla*. 1970, pp. 9-10.

ni se tenía noticia alguna en España de la lengua latina que justificase el ponerle a la ciudad el nombre latino de ***Híspalis***. Además, **Carlos Cañal** defendería esta postura de Rodrigo Caro, pues en dos de sus obras intentó demostrar que Sevilla jamás fue una ciudad lacustre.

La fundación de Sevilla ha dado lugar a numerosas opiniones de diversa índole a lo largo de los siglos, algunas más cerca de la leyenda que de la verdad. Sin embargo, gracias al estudio de yacimientos arqueológicos que surgieron en varias calles de la ciudad en el pasado siglo XX se ha podido arrojar algo de luz a aquellos lejanos tiempos y han surgido nuevas tesis.

Entre estas hipótesis destaca la defendida por el profesor Blanco Freijeiro, según la cual, Sevilla habría de ser considerada en sus comienzos una ciudad costera como lo son las ciudades de Málaga o Cádiz, a pesar de estar la ciudad hispalense tierra adentro, y estaría dentro de la red colonial fenicia. Por lo tanto, los primeros habitantes de Sevilla podrían haber sido personas asentadas a orillas del río Guadalquivir mucho antes de la llegada de los romanos y Julio César.

En el año 1958 se produjo un gran descubrimiento: el ***Tesoro de El Carambolo***, que llegaría a vincular a Sevilla con el mismísimo imperio de Tartessos del que hablan varios textos de la Antigüedad y la propia Biblia.

Escultura de Hércules

Escultura de Julio César

SEVILLA EN ÉPOCA ROMANA

De las famosas murallas romanas apenas quedan restos visibles, aunque se podrían reconocer en el material reutilizado en época califal en la nueva muralla de los Reales Alcázares.

¿Qué vestigios se conservan hoy día de la que fue llamada *Julia Rómula*?

En el año 206 a. C. tuvo lugar una decisiva batalla entre los romanos y los cartagineses en las cercanías de ***Ilipa Magna***, hoy Alcalá del Río. Los orígenes de la romanización de Sevilla podrían situarse en esa fecha donde los romanos vencieron a los cartagineses, puesto que el general romano Publio Cornelio Escipión ***El Africano*** estableció en la cercana ***Itálica*** a un contingente de soldados antiguos de su ejército. Precisamente, en ***Itálica*** nacieron dos grandes emperadores romanos: Trajano y Adriano, quienes dedicaron grandes esfuerzos a mejorar urbanísticamente la ciudad que los vio nacer. Trajano fue el primer emperador nacido fuera de la península itálica. Hasta entonces todos los que ocuparon tan alto honor habían nacido en territorio italiano. Hay una leyenda que sitúa las cenizas de Trajano en la plaza de Pilatos.

Algunos vestigios de esta época se hallan conservados en el Museo Arqueológico, donde sobresalen las esculturas halladas en la cercana ciudad de ***Itálica***, entre las que se encuentran las dedicadas a Trajano y Adriano, y a los dioses Hermes o Mercurio, Afrodita o Venus, y Artemisa o Diana.

¿Sabías que santa Justa y Rufina vivieron en época romana en el barrio de Triana? ¿Por qué han tenido tanta devoción estas hermanas a lo largo de los siglos? ¿Sabías que según la leyenda ambas hermanas evitaron que se cayera la *Giralda* en el famoso terremoto de Lisboa?

De la época romana fueron las famosas hermanas alfareras de Triana: las santas Justa y Rufina, quienes fueron martirizadas a causa de defender su fe católica. Estas hermanas nacieron en Sevilla en los años 268 y 270, y murieron en el 287, siendo Diogeniano prefecto de Sevilla en aquel momento.

Son iconos tradicionales del primitivo cristianismo sevillano. Existen diversas leyendas relacionadas con la forma en la que fueron martirizadas y el lugar de su enterramiento. Según se cree, Santa Justa fue arrojada a un pozo que existía en la zona del llamado Campo de los Mártires, mientras que los restos de Santa Rufina serían depositados en un cementerio cercano a las murallas romanas.

A lo largo de los siglos siguieron estando muy presentes en el fervor popular, según el cual, deberíamos a la intervención de ambas que la ***Giralda*** siga estando en pie tras el famoso terremoto de Lisboa, ya que la leyenda las sitúa sosteniéndola para evitar su caída.

¿Conoces la leyenda de las santas Justa y Rufina?

Justa y Rufina fueron dos hermanas que nacieron en ***Híspalis*** bajo el dominio romano, de modesta familia de cristianos clandestinos dedicados al oficio de la alfarería, motivo por el cual siempre aparecen representadas con cacharros de cerámica. En estos tiempos, las hermanas se dedicaban a ayudar al prójimo y al conocimiento del Evangelio.

Era costumbre, en aquel entonces, celebrar una vez al año una fiesta en honor a Venus, donde se recordaba la muerte del admirado Adonis. Con la intención de recaudar dinero para la fiesta se recorrían las calles de la ciudad pidiendo limosnas. Por ello, un día los seguidores de Venus llegaron a casa de Justa y Rufina solicitando el dinero correspondiente, algo a lo que se negaron las hermanas por ser el fin de este contrario a su fe. Pero, además de negarse a contribuir, hicieron añicos la figura de la diosa, provocando de esta manera el enfado general de las devotas que se lanzaron hacia ellas.

Como consecuencia, el prefecto de Sevilla, Diogeniano, mandó encarcelarlas, animándolas a abandonar sus creencias cristianas si no querían ser víctimas del martirio. Sin embargo, las santas se negaron a pesar de las amenazas, sufrieron el tormento del potro y después fueron torturadas con garfios de hierro. Diogeniano confiaba en que aquellos tormentos fueran suficientes para que renunciaran a su fe, pero ellas resistieron y se mantuvieron firmes, por lo que las encerró en una tenebrosa cárcel donde sufrirían las penalidades del hambre y la sed.

Estoicamente sobrevivieron a su condena, por lo que fueron castigadas de nuevo, consistiendo la tortura esta vez en tener que caminar descalzas hasta llegar a Sierra Morena. Tuvieron la suficiente fuerza para conseguir el objetivo. Viendo que nada las vencía mandó encarcelarlas hasta morir, y así fue como finalmente falleció Santa Justa, cuyo cuerpo tiraron a un pozo y fue recuperado poco tiempo después por el obispo Sabino.

Una vez que hubo acabado con la vida de Justa, Diogeniano creyó que su hermana sucumbiría a sus deseos con más facilidad, pero sus esfuerzos no consiguieron que Rufina renegara de su fe, por lo que decidió terminar con su vida llevándola al anfiteatro y dejándola a expensas de un león para que la destrozase, el cual, tan solo se acercó a ella para lamer sus vestiduras y mover la cola como si de un animal de compañía se tratase. El Prefecto no aguantó más y mandó degollar y quemar su cuerpo. Nuevamente tras este hecho el obispo Sabino recogió los restos y la enterró junto a su hermana en el año 287.

Por tan cristiana acción, fueron canonizadas y se les nombró Patronas tanto de la ciudad de Sevilla como de los gremios de alfareros y cacharreros.

¿Sabías que existe una creencia que situaría el origen del nombre de la famosa Virgen de la Macarena y del barrio sevillano de dicho nombre en la época romana?

El arrabal de la Macarena es uno de los más antiguos de Sevilla, ya que su antigüedad viene de la época romana. Pues bien, al parecer —según diversas teorías— también su nombre provendría de esta época. Procedería de ***Macarius-Ena*** o «propiedad de Macario», referido al lugar o finca donde aún hoy se conserva una torre y hacia donde llevaba una calzada o camino cuyo origen se hallaba en una puerta de la ciudad, la que con el tiempo se llamó ***Puerta de la Macarena***.

¿Por qué hay una calle en Sevilla conocida como calle Mármoles?

En Sevilla hay una calle denominada Mármoles, llamada así por las columnas romanas que se encontraron en el lugar y de las que aún existen tres.

Tales columnas son algunos de los mejores testimonios visibles hoy día de la Sevilla romana. Cada una de estas columnas mide unos quince metros de altura. Se cree que pertenecieron a un antiguo templo, aunque algunos especialistas sostienen que su verdadera función no puede saberse con precisión. Incluso se baraja la hipótesis de que, tal vez, estas columnas pudieron haber sido reutilizadas y que en su origen podrían haber pertenecido al edificio de ***Itálica*** conocido como *Traianeum*. De las seis columnas de granito que había allí tan solo se conservan tres. Una de ellas fue trasladada al Alcázar por capricho del rey don Pedro I que deseaba tener una en su residencia, aunque desafortunadamente se cayó y partió por el camino sin que llegara a su destino. Y dos de ellas fueron llevadas en la segunda mitad del siglo XVI por orden del conde de Barajas, por aquel entonces Asistente de la Ciudad, a la Alameda de Hércules, para alzar sobre ellas las esculturas renacentistas de Hércules y Julio César.

Columnas de la Alameda de lejos

¿Sabías que en la plaza de la Pescadería se encuentra una de las cisternas que abastecía de agua a la ciudad hispalense?

Durante la remodelación de la plaza de la Pescadería a mediados de 2006, aparecieron los restos de una cisterna construida en el siglo II d. C. Se trata de una de las cisternas que almacenaban el agua que entraba en Sevilla por la puerta de Carmona, y que los Caños de Carmona la traían desde el manantial de Santa Lucía de Alcalá de Guadaíra. Su situación se explicaría por encontrarse en la parte más alta de Sevilla, y desde aquí se distribuiría al resto de la ciudad. Esta edificación estaba conformada por tres naves, poseyendo cada una de ellas una longitud de cuarenta y un metros y una anchura de cinco metros.

Tan solo se ha podido excavar la oriental, donde se ha podido constatar su abandono a partir del siglo V d. C. En el momento de su aparición se valoró como un hallazgo de enorme importancia. De hecho, la cisterna fue integrada y conservada bajo el pavimento de la plaza, ya que hubo un proyecto para abrir al público la nave oriental. Sin embargo, lleva once años cerrada a las visitas turísticas y culturales, salvo contadas ocasiones.

No obstante, lo peor de todo es el deterioro que están sufriendo varios de los ***graffitti*** aparecidos durante la excavación y fechados entre el siglo I y IV, que han llegado a ocultarse bajo una espesa capa de verdín debido a las nefastas condiciones de conservación desde que el Ayuntamiento se hizo cargo. Hasta entonces funcionó sin problemas el sistema de ventilación mecánica instalado en el interior para mantener las condiciones adecuadas de conservación. Y, debido a esto, podrían seguramente no volver a recuperarse jamás estos ***graffitti***, uno de los cuales representa un barco y otro una mujer, y que antes eran perfectamente visibles.

¿Eres consciente de que bajo el imponente Metropol Parasol se halla el yacimiento arqueológico más importante que se conserva en Sevilla de la etapa romana?

También hay que destacar el ***Antiquarium***, que es un museo arqueológico ubicado en el subsuelo de Metropol Parasol de la plaza de la Encarnación de la ciudad de Sevilla. Fue hallado tras una primera excavación en la plaza en los años 90, cuando se pretendía construir un aparcamiento subterráneo y remodelar la plaza, aunque el proyecto fue abortado tras el hallazgo. En el año 2004 el Ayuntamiento de Sevilla premió el proyecto denominado Metropol Parasol —conocido como ***Las Setas***—, del arquitecto Jürgen Mayer, en el que se integraba el museo.

Fue inaugurado el 27 de marzo de 2011 y se trata del yacimiento arqueológico más importante que se conserva de la etapa romana de Sevilla. Permite contemplar restos visibles de gran parte del periodo romano, concretamente desde la época de Tiberio hasta el s.VI. Sobresalen los magníficos mosaicos de la ***Casa Romana***, la ***Casa de la Ninfa*** y la ***Casa de Baco***, así como un mural de tres metros en el ***Patio del Océano***. También destacan la ***Casa de la Columna***, que posee el mosaico de la medusa, la ***Casa de las Basas***, la ***Casa del Sigma***, la ***Casa de la Noria*** y el ***Hospitium de los Delfines***.

SEVILLA EN ÉPOCA VISIGODA

LOS ORÍGENES DE LA SEVILLA VISIGODA

El Imperio Romano tuvo su máximo esplendor posiblemente en la época de los emperadores sevillanos Trajano y Adriano, ambos nacidos en la cercana ciudad de ***Itálica***. Pero, de igual modo que cualquier otro gran imperio del pasado, llegó a su práctica desaparición en el siglo V d. C., siendo uno de los motivos de tal decadencia la constante invasión de los pueblos procedentes de la Europa Central —los francos, los germanos, los sajones...— o de Asia —los hunos—. Además, habría que añadir la profunda penetración de las nuevas ideas y creencias del cristianismo que ya había en el siglo V d. C. en las estructuras políticas y sociales del Imperio.

En España, la primera invasión de los pueblos germánicos se produjo poco tiempo después de la muerte del emperador Teodosio, en el 395 d. C., y fueron los suevos los primeros que fundaron una monarquía en la península ibérica. Al fundar tal monarquía se consiguió por un lado desplazar del poder a los romanos y por otro unir a otros pueblos llegados a territorio hispánico. Destaca el reinado de Rechila (438-448), durante el cual se derrotó a los generales romanos Andevoto, Censorio y Avito, con el consiguiente apoderamiento de Mérida, establecimiento en Galicia y Portugal y sometimiento de la Bética y la Cartaginense. Y es precisamente durante el reinado de Rechila cuando puede ubicarse el primer contacto de Sevilla con los nuevos pueblos. Con el tiempo, algunos jefes suevos, como Rechiario —hijo de Rechila— o el rey Caliarico, se convirtieron al cristianismo. Sin embargo, la etapa más importante para España y Sevilla del gobierno de estos nuevos pueblos conocidos como pueblos bárbaros sería el siglo VI, cuando los visigodos tomaran el poder.

¿Sabías que Sevilla fue durante varios años un importante centro del poder visigodo en la península ibérica? ¿Tenías constancia de que Atanagildo fue posiblemente el rey visigodo más vinculado a Sevilla, donde residía y era recaudador de impuestos antes de ser escogido como monarca para combatir a su rival Agila?

En el siglo VI terminó la monarquía sueva, cuando el rey visigodo **Leovigildo**, bajo cuyo dominio estaba el este peninsular, incorporó el reino suevo bajo su dominio. En este momento se produjo una importante crisis en la península ibérica tanto a nivel político como religioso, puesto que Leovigildo era de religión arriana, provocando el enfrentamiento entre el cristianismo de los suevos y el arrianismo de los visigodos.

El **arrianismo** fue la religión oficial de los visigodos hasta la conversión de Recaredo en el año 587. Fue la primera herejía de la Iglesia y surgió en el siglo IV, cuando un sacerdote de Alejandría llamado Arrio sostuvo que Jesucristo no era de la misma naturaleza del Padre, sino que fue creado por Dios Padre y estaba subordinado a él, siendo la primera de las criaturas venidas al mundo por voluntad de Dios.

Los visigodos consiguieron instaurar una fuerte monarquía cuyos reyes eran electos, y Sevilla tendría un protagonismo importante, sobre todo a partir de mediados del siglo VI, cuando un importante funcionario visigodo que residía en Sevilla llamado **Atanagildo** decidió revelarse contra su legítimo rey, Agila. Atanagildo era pariente del emperador del Imperio Bizantino y le pidió ayuda a este para conseguir derrotar a Agila. Así, Atanagildo, logró vencer a Agila en una batalla, que tradicionalmente se cree que tuvo lugar en el actual prado de santa Justa, y llegó a sustituirle en el trono. Se cree que ejerció su poder desde un palacio que se situaría cerca de la plaza de la Alfalfa, concretamente en la calle Corral del Rey. Pero, sobre lo que no cabe duda alguna es que la ciudad de Sevilla se convirtió durante algunos años en un importante y prestigioso centro del poder visigodo en la península ibérica. Sin embargo, duraría poco tiempo, pues las tropas que el emperador bizantino había enviado para ayudar a derrotar al rey Agila, pretendieron arrebatarle el poder a Atanagildo, y este tuvo que enfrentarse a ellas y acabar trasladando la sede de su incipiente monarquía en el año 557 desde Sevilla a Toledo. Y así sería como Toledo se convertiría en la capital de la España visigoda.

Según la opinión de algunos historiadores, aunque oficialmente era arriano, se acabaría convirtiendo en secreto al cristianismo en Sevilla, antes de tener que abandonar dicha ciudad para acabar instaurando la capital de su reino en Toledo.

Sin embargo, **Brunequilda**, una de las hijas de Atanagildo, sí fue oficialmente católica y estuvo siempre estrechamente vinculada a Sevilla, primero por haber pasado su infancia en dicha ciudad y, segundo, por ser la suegra de un personaje tan apreciado y ligado a Sevilla como fue Hermenegildo. Sobre Brunequilda cabría destacar además que llegó a convertirse en una de las mujeres europeas con más poder de su época, puesto que, tras la muerte de su esposo Sigoberto, rey franco de Austrasia —reino que comprendía gran parte de Francia y los Países Bajos—, ella misma llegó a dominar a sus numerosos enemigos políticos.

Hacia finales del siglo VI fue la época visigoda que más huella ha dejado en Sevilla, sobre todo por la unión tan entrañable que dos personajes históricos visigodos importantes tuvieron con Sevilla. En primer lugar, **Hermenegildo**, quien quiso convertirse en rey de la Bética tras sublevarse y enfrentarse a su padre Leovigildo, tras convertirse al catolicismo en la ciudad hispalense.

Detalle de la lápida de la puerta de Córdoba

Puerta de Córdoba

Según la tradición, en la puerta de Córdoba, antigua construcción almohade, se encontraría la cárcel donde estuvo encerrado san Hermenegildo, que fue el primer rey católico de Sevilla

Se cree que Hermenegildo llegó a tener su palacio en el actual cerro que hay en San Juan de Aznalfarache conocido como Monumento al Sagrado Corazón de Jesús, adonde probablemente iría el arzobispo san Leandro para instruirle en la religión católica, antes de que san Hermenegildo fuese primeramente encarcelado frente al actual convento de los Capuchinos y, posteriormente, asesinado en Tarragona por oponerse a comulgar de acuerdo al ceremonial arriano.

En segundo lugar, destaca la figura de **san Leandro**, que llegó a ser arzobispo de Sevilla y luchó encarecidamente contra el arrianismo. San Leandro pertenecía a una ilustre familia que por motivos políticos se había visto obligada a emigrar desde Murcia, quizás por no estar de acuerdo con la dominación bizantina. Y es que dicha zona fue dominada durante unos setenta años por las tropas que, en principio, habían sido enviadas por el emperador de Bizancio para ayudar a Atanagildo a vencer a su rival, Agila. Aunque, posteriormente, decidieron ocupar parte de ***Hispania***, concretamente el territorio que iba desde Murcia a Cádiz.

San Leandro fue hermano de otros dos santos, santa Florentina y san Isidoro. Y precisamente esa huella visigoda en la actualidad la podemos ver en el escudo oficial de la ciudad, donde aparecen ambos hermanos arzobispos flanqueando a san Fernando, o en las imágenes que de ambos procesionan en el *Corpus Christi*.

¿Sabías que en el patio de Banderas fueron encontrados restos arqueológicos que podrían haber pertenecido a un templo visigodo?

Finalmente, habría que aludir a los restos que fueron encontrados en el 2009 en las excavaciones realizadas en el patio de Banderas, donde se cree que pudo existir un templo visigodo dedicado a san Vicente.

SEVILLA EN ÉPOCA MUSULMANA

¿Cómo fue el final de la etapa visigoda en la península ibérica y Sevilla y cómo el inicio de una nueva etapa bajo los preceptos del Islam?

Sevilla pasó de ser visigoda a musulmana en un corto espacio de tiempo, aunque no se puede desligar tal hecho del contexto general de la invasión musulmana de la península. Y para comprender la rapidez del cambio tendremos que remontarnos al final del reinado visigodo, puesto que fueron las disputas internas de los visigodos las causantes de la invasión musulmana de la península ibérica en el 711.

Witiza fue el penúltimo rey visigodo y quiso instaurar en el trono a su hijo Aquila, sin éxito alguno. Las desavenencias entre los hijos de Witiza y su sucesor **don Rodrigo** ocasionaron que los witizianos se aunaran con musulmanes del otro lado del Estrecho para protegerse de don Rodrigo, quien pretendía quitarle el feudo que habían recibido de Witiza como herencia, que consistía en unas tres mil aldeas. Pues bien, es aquí donde Sevilla cobra protagonismo, puesto que entre los witizianos se encontraba el arzobispo de Sevilla, **don Opas**.

De este modo, **Muza Ibn Nusayr**, *wali* del Magreb, acabó pactando con influyentes personajes visigodos, entre los que se encontraban el conde **don Julián** —primo de don Opas—, y envió al gobernador de Tánger, **Tarik Ibn Ziyad**. Tarik consiguió cruzar el estrecho de Gibraltar al mando de miles de guerreros bereberes y se enfrentó al rey don Rodrigo, a quien vencería en el 711 en la batalla de ***Wadi Lakka*** —ubicada según unos junto al río Guadalete, concretamente en el Puerto de Santa María. Según otros en Barbate o Guadarranque.

A continuación, Tarik se dirigió con sus tropas hacia Toledo con la pretensión de tomarla, pues en dicha ciudad era donde tenía su capital el reino visigodo y, por dicho recorrido, según algunos autores como Ibn al-Sabbat, se llegaría a la actual provincia de Sevilla y ocuparía las ciudades de Morón y Carmona, para, finalmente, entrar en Sevilla capital, donde Tarik establecería un tratado de paz con los habitantes de Sevilla, imponiéndoles que destruyesen la zona occidental del Alcázar.

De ser cierto este dato, aunque otros autores atribuyen la conquista de Sevilla a Muza Ibn Nusayr, sería de destacar que la ciudad de Sevilla pasó a ser musulmana a través de la negociación y no por medio del asalto como sucedió en Córdoba. Ello habría supuesto un cambio profundo de la forma de vida de los sevillanos, al establecerse una nueva administración basada en los preceptos islámicos, con lo que se redistribuyó las posesiones de casi toda la aristocracia visigoda y se desamortizó todos los bienes de la Iglesia. Así, las antiguas iglesias administradas por sacerdotes cristianos visigodos acabarían convirtiéndose en mezquitas. Según Antonio Blanco Freijeiro, una de esas iglesias, y quizás la más emblemática, habría estado dedicada a san Vicente y situada en el actual patio de Banderas, provocando, tal vez, que en tiempos posteriores se acabara eligiendo un emplazamiento cercano para construir la mezquita mayor en el lugar donde hoy se levanta la catedral hispalense.

Fue un enorme cambio político, económico y religioso para los sevillanos y todos los hispanos del momento, pues pasaron de tener una monarquía propia regida por los preceptos del cristianismo, a tener que acatar la autoridad del califato musulmán establecido en la ciudad siria de Damasco, originando el Emirato Dependiente, periodo que acabaría en el 740 al proclamarse emir Abd al-Rahman I.

Sin embargo, hay que tener presente que no todos los sevillanos se acabaron convirtiendo al Islam, sino que muchos consiguieron conservar sus posesiones mediante pactos o acuerdos y siguieron siendo cristianos. Eran los conocidos con el nombre de ***mozárabes***. Hubieron de acostumbrarse a convivir con personas pertenecientes a las tribus árabes ***yemeníes***, que se establecieron en la región sevillana y en parte de las tierras malagueñas de Archidona, otorgando a Sevilla una significativa idiosincrasia con respecto a otros lugares andaluces que fueron invadidos por bereberes y emigrantes llegados de Egipto, Siria y otros países musulmanes.

Al haber sido sus primeros habitantes musulmanes de origen árabe yemení, que eran los seguidores de Mahoma más puros y distinguidos, Sevilla ya tuvo desde los comienzos de la dominación musulmana un aire especial, diferente, elegante y mágico que cautiva a todos por igual, y que muchos gustan en llamar: «el duende de Sevilla».

¿Sabías que Sevilla fue la primera capital política de al-Ándalus?

Ishbiliya fue el nombre con el que se conoció a Sevilla desde su dominio por parte de los musulmanes, más allá de quien haya sido realmente su conquistador, pues unos atribuyen tan relevante hecho histórico a Tarik y otros a Muza —como el historiador Joaquín Guichot—. Lo que sí ha de ser cierto es la gran influencia que debió de tener **Muza** para que Sevilla pasara a convertirse en la primera capital política de al-Ándalus, pues, cuando Muza viajó hacia Damasco junto a Tarik para ofrecer España bajo la autoridad del califa Walid I, decidió ordenar a su hijo **Abdelazis** que residiera en ***Ishbiliya*** durante su ausencia y desempeñase el poder como emir.

Así, Sevilla fue la elegida para situar en ella el gobierno de toda España y Abdelazis fue el primer gobernante musulmán del pueblo recientemente conquistado. Sobre tal gobernante, ensalza el historiador Joaquín Guichot la clemencia que tuvo para con los vencidos desde el primer momento y su gran generosidad. Probablemente, se debía a que Abdelazis se casó en el año 717 con la cristiana **Egilona**, conocida como Ailo por los musulmanes, que había sido esposa del último rey godo don Rodrigo.

Sin embargo, dicho enlace matrimonial le traería a Abdelazis su propia desgracia, pues los jefes del ejército musulmán no vieron con buenos ojos tal casamiento y se quejaron al sultán **Solimán** —hermano menor del califa anterior, Walid I—, quien acabaría enviando a Sevilla cinco oficiales superiores del ejército musulmán para asesinar a Abdelazis. Y cuentan las crónicas que, cuando el anciano Muza llegó al alcázar sevillano, vio la cabeza cortada de su hijo y le preguntaron con ironía si conocía dicha cabeza, tras lo cual maldijo al asesino y se marchó hacia su patria donde poco después terminaría muriendo de pena.

Tras la muerte de Abdelazis se produjo en la ciudad de Sevilla una reunión de jefes militares que acordaron nombrar a **Ayub**, que era primo de Abdelazis, para sucederle como primer gobernante. Y fue el mismo Ayub quien decidiría trasladar la capitalidad de la España musulmana a la ciudad de **Córdoba** al sostener que dicha ciudad le ofrecía mayor número de ventajas para sus venideros propósitos.

Así fue como Sevilla dejó de ser sede del primer gobierno musulmán establecido en la península ibérica, aunque siguió conservando el gran prestigio que se había ganado de ciudad rica y culta por haber sido poblada por árabes ***yemeníes*** que venían en las huestes de Muza. Estos árabes poseían ideas y comportamientos muy diferentes de los bereberes que habían venido con Tarik, lo que terminaría ocasionando cruentas luchas entre las dos fuerzas más notables que habían colaborado en la conquista de la península, algo que se agravaría aún más por la llegada de musulmanes procedentes de Arabia, Egipto, Siria y Persia.

Para solventar estos combates, se reunieron en Córdoba en el 746 los jefes de las distintas partes que pretendían hacerse con el poder y escogieron a un noble llamado **Yusuff** para que fuera el jefe supremo o emir. No obstante, el gobernador de Sevilla envió cartas a la corte califal de Damasco con el fin de acusar a Yusuff de pretender hacerse independiente. Pero el emir cordobés acabó sabiendo de dichos hechos, por lo que los musulmanes de la península ibérica se enfrentaron nuevamente, provocando una encarnizada guerra civil.

Pero quiso el fatal destino que no solo en territorio español se derramase sangre, pues en Damasco tuvo lugar una revolución que terminaría con la degollación de la familia de los Omeyas que reinaba en ese momento. Sin embargo, de aquel horrible final pudo salvarse el joven príncipe **Abderramán** que huyó y vino a la Península, donde se refugió en una fortaleza cordobesa, y, al poco tiempo, fue proclamado el primer emir independiente de al-Ándalus con el apoyo de los ***yemeníes*** y de los ***mawlas*** sirios. Así comenzaría uno de los periodos más relevantes de la historia de España.

El territorio hispánico fue reorganizado por los nuevos gobernantes independientes. Muchas de las provincias, conocidas en época musulmana con el nombre de **coras**, fueron heredadas de las lindes territoriales de los antiguos condados visigodos.

En la Sevilla de esa época dominaron las familias árabes ***yemeníes*** y también fueron muy importantes los ***muladles***, entre los que cabe destacar a los ***Banu Sabaneo*** y los ***Banu Angelino***. Sevilla se convirtió en la capital de una de las coras o provincias más prósperas de cuantas hubo en la España musulmana durante siglos. Tenía una gran variedad geográfica y también

Río Guadalquivir

una amplia producción alimentaria. Y ese gran río que era su eje central recibió el nombre de *Wadi-Ikabir*, que significa «río grande», nombre que pasaría a la historia y que, aún a día de hoy, se sigue empleando, pues el famoso río Guadalquivir debe su nombre a los árabes.

¿Sabías que Sevilla llegó a tener su propia monarquía en época musulmana?

Sevilla, llamada entonces *Ishbiliya*, tuvo un lugar predominante y destacado tanto a nivel cultural como a nivel comercial dentro del territorio peninsular, e incluso llegó a poseer una monarquía propia que fue fundada por Ibn Hachchach, la cual terminó rindiéndose ante el fuerte empuje militar y político del primer califa del mundo occidental: Abderramán III. Hasta el año 929 los emires de al-Ándalus habían permanecido vinculados religiosamente al Califa de Damasco, reconocido por todos los musulmanes como sucesor del profeta Mahoma. Pero a partir de Abderramán III todo cambiaría, al proclamarse en Córdoba primer Califa independiente, pasando a ostentar no solo la autoridad política y militar sino también la máxima autoridad religiosa, al ser considerado sucesor de Mahoma.

De este modo, la ciudad de Córdoba pasaría a convertirse en la ciudad más concurrida de Occidente, llegando a competir en importancia con ciudades orientales como Damasco, Constantinopla o Bagdad.

¿Sabías que en Sevilla fue realizado el famoso *Codex Toletanus*, más conocido como *Biblia Hispalense*?

Con respecto a Sevilla, cabe destacar la conocida como la *Biblia Hispalense*, conservada en la Biblioteca Nacional, que constituye una excelente muestra de la cultura religiosa de Sevilla en época musulmana. Se trata de un códice de 375 folios del siglo X, escrito en latín en letra minúscula visigótica, los títulos también aparecen en hebreo y, en los márgenes, hay notas en árabe. Contiene los textos del *Antiguo* y *Nuevo Testamento*, con prefacio, prólogos y argumentos de santos importantes como san Jerónimo o san Isidoro. A pesar del formato y el contenido, que son claramente cristianos, es de destacar la influencia árabe en la ornamentación, como por ejemplo el empleo del arco de herradura doble, típico del arte islámico. Este códice, conocido también como *Codex Toletanus* habría sido realizado en un *scriptorium* que existía en el arzobispado sevillano desde tiempos de san Isidoro y san Leandro.

¿Sabías que, según la leyenda, el califa Hixen II se refugió en el reino taifa de Sevilla cuando la mayoría lo daba por muerto? ¿Tenías constancia de que la picaresca sevillana convirtió en un falso califa residente en el reino de taifas de Sevilla a un humilde esterero de Calatrava?

En el año 1013 tuvo lugar en Córdoba una revuelta y saqueo de gran envergadura, hasta el punto de que **Hixen II** desapareció, pero sin que nadie pudiera asegurar a ciencia cierta su muerte. La desaparición del último califa cordobés produjo un gran vacío en la población, pues, durante mucho tiempo, los almuédanos seguirían invocando su nombre desde lo alto de los alminares, en parte como recordatorio de épocas gloriosas y pacíficas. Como consecuencias políticas, destaca por un lado la fragmentación del territorio califal en zonas gobernadas por poderosos líderes locales, originando los llamados ***Reinos de Taifas*** y, por otro lado, la imperiosa necesidad de llenar el vacío que había provocado la ausencia de un califa cuyo paradero era desconocido y del que ni tan siquiera se sabía si seguía o no con vida.

Dicha situación repercutió curiosamente en Sevilla, porque en tal ciudad se formó un poder local encabezado por tres personajes sevillanos: **Mamad Ben´Abbad**, **Allah al-Zubaldi** y **llah Ben Maryan**, que formaron un triunvirato para gobernar tanto la ciudad como su cora, es decir, el que sería el poderoso reino de taifas de Sevilla. Según el cronista árabe **Ib Idari**, los tres redactaban en el Alcázar decisiones que sellaban con sus tres sellos, hasta que tal triunvirato acabó sufriendo el mismo final que han sufrido muchos triunviratos a lo largo de la historia.

El primero de ellos, Mamad Ben´Abbad, terminó imponiéndose a los demás triunviros y, con el objetivo de reforzar su poder, se inventó una artimaña. Tal ardid consistió en hallar a un hombre llamado **Jalaf**, que era oriundo de la ciudad de Calatrava y que trabajaba como esterero, pero cuyas facciones eran muy semejantes a las del califa cordobés Hixen II que había desaparecido. De este modo, el dirigente sevillano se aprovechó de la añoranza y del gran vacío religioso y político que había ocasionado la ausencia de Hixen II y decidió nombrar Califa al esterero de Calatrava, haciendo creer a todos que el esterero era en verdad dicho califa cordobés y que se había refugiado en Sevilla. Aunque, para evitar sorpresas, eran muy pocas personas las que tenían autorizado verle de cerca.

Ello provocó que el reino de Sevilla se hiciera destacar entre los demás reinos taifas de la península ibérica, consiguiendo además ampliar sus fronteras y erigirse de alguna manera como heredero de las pasadas glorias califales cordobesas.

Todo ello nos habla de la temprana puesta en práctica de la célebre picaresca sevillana que durante siglos fue recogida en famosas obras literarias que han traspasado las fronteras españolas y permanecen aún vivas entre el imaginario popular.

¿Habías oído alguna vez hablar del famoso jardín de cadáveres de Al Mutadid?

El reino taifa de Sevilla fue fundado en el 1023 por Mamad Ben´Abbad, de quien la monarquía hispalense tomaría el nombre de ***reino Abbadí***. Le sucedió su hijo **Al Mutadid** y, posteriormente, su nieto y segundo sucesor **Al Mutamid**, quienes tuvieron nombres muy parecidos pero cuyos reinados fueron muy diferentes.

El reinado de Al Mutadid se caracterizó por la labor de consolidación del reino taifa de Sevilla que había heredado de su padre y por su expansión territorial, pero, sobre todo, por sus aterradores y sobrecogedores actos. Y es que Al Mutadid no permitió que nada ni nadie obstaculizasen sus objetivos, no dudando en cometer cuantiosos asesinatos políticos si eran precisos. Sin embargo, lo realmente espeluznante fue que quiso conservar los restos de sus víctimas en un jardín que llegó a estar sembrado de numerosos cadáveres, aunque se desconoce su ubicación exacta. El escritor marroquí **Mamad Benaboud** deja constancia de la existencia de este escalofriante lugar:

Este extraño jardín fue cuidadosamente mantenido hasta el año 1091 (...) Entonces se desenterraron las calaveras y se devolvieron a los familiares de las víctimas para su inhumación (...) Al Mutadid estaba muy orgulloso de su jardín de calaveras, al que consideraba como un símbolo de sus victorias y de su fuerza superior, y lo usaba para aterrorizar a sus súbditos e invitados. La existencia de este infame jardín era conocida en Sevilla y más allá de sus fronteras[1] *(...).*

Además, habría que sumar a los desmanes de Al Mutadid el haber llegado a asesinar a un íntimo amigo suyo que intrigó contra él e incluso haber matado a su propio hijo **Ismail**, al que nombró primeramente su sucesor y posteriormente acabó asesinando con sus propias manos tras habérsele enfrentado y rebelado.

---

1. M´HAMMAD BENABOUD. *Sevilla en el siglo XI. El Reino Abbadi de Sevilla (1023-1091)*. Biblioteca de Temas Sevillanos. 1992, p. 20.

Fue precisamente la muerte de Ismail la que conllevó que, tras fallecer Al Mutadid, subiera al trono el hermano menor de Ismail, llamado **Al Mutamid**, quien acabaría dominando gran parte de al-Ándalus, incluida Córdoba.

¿Qué curiosos hechos ocurrieron en Sevilla cuando el rey de Castilla y León Fernando I reclamó al rey sevillano Al Mutadid los restos de san Isidoro?

Al Mutadid, segundo rey del reino taifa de Sevilla, estaba gobernando en Sevilla en el año 1063 cuando recibió una petición del rey **Fernando I de Castilla y León** para que le fueran concedidos los restos mortales de **santa Justa** y de **san Isidoro**. Para tal fin, viajaría a Sevilla una embajada cristiana formada por abades de diferentes lugares hispánicos y encabezada por el obispo leonés **Alvito**, teniendo además una fuerte escolta militar.

Según afirman Alonso Morgado y otros autores, tales restos se encontraban en el lugar donde se acabaría construyendo el futuro monasterio de San Isidoro del Campo en Santiponce. Sin embargo, existe otra leyenda que situaría los restos del santo en el templo que fue fundado por el obispo Sabino en la zona extramuros de la ciudad. Respecto a la ubicación del templo, según Antonio Hernández Parrales se encontraría en el lugar hoy día ocupado por el convento de Capuchinos, y según otros autores en el prado de Santa Justa.

Cabría preguntarse entonces sobre la veracidad de dichas leyendas e hipótesis, aunque existe la posibilidad de haberse dado ambas. Cuando san Isidoro murió en Sevilla en el año 636 se habrían podido depositar sus restos en el templo previamente citado, en la parte extramuros, y, posteriormente, en época musulmana podrían haberse trasladado de lugar, de igual modo que ocurrió con muchas reliquias e imágenes que fueron escondidas por los cristianos para así salvaguardarlas de los musulmanes invasores. Por este motivo, cabría la posibilidad de haber sido llevados los restos del santo al actual municipio de Santiponce.

Cuentan las crónicas de la época de don Fernando I y del rey sevillano Al Mutadid que, ante los desafortunados intentos por parte de los musulmanes de dar con el paradero de los huesos de san Isidoro, el mismísimo san Isidoro se llegó a aparecer hasta tres veces al obispo Alvito para indicarle con un bastón la ubicación exacta donde se hallaba enterrado, mientras le decía: «aquí, aquí, aquí encontrarás mi cuerpo».

Así, dieron al fin con los restos de san Isidoro, que fueron llevados a León, donde reposan actualmente, aunque los restos mortales de santa Justa no pudieron llevárselos y siguen a día de hoy reposando en algún lugar del barrio sevillano donde se halla la puerta de Carmona.

El marqués de Lozoya, en su ***Historia de España*** nos cuenta que los restos de san Isidoro, una vez ya en la ciudad de León, fueron depositados al principio en la iglesia leonesa de San Juan y luego fueron trasladados el 23 de mayo de 1063 a la basílica de San Isidoro, además de justificar con este hecho el aumento de poder y prestigio tanto de Fernando I como de la ciudad de León.

¿Conoces la historia de amor del rey taifa que se enamoró de una esclava? ¿Qué acontecimientos acabarían marcando sus destinos?

Al Mutamid sucedió en el trono a Al Mutadid y llegó a dominar buena parte de al-Ándalus. Fue un rey culto y poeta muy querido por todos los sevillanos, además de ejercer de mecenas protector de poetas de al-Ándalus. Tuvo como primer ministro a su amigo y amante Ibn Amar.

Sin embargo, es su hermosa historia de amor con una esclava llamada **Rumaikiyya** la que ha traspasado las fronteras de la historia para adentrarse en las legendarias, otorgando mayor fama a Al Mutamid. Ambos se conocieron a las orillas del río Guadalquivir, cayendo perdidamente enamorado Al Mutamid de la belleza de la joven y de su inteligencia, a pesar de ser esta una esclava. Por lo tanto, él la hizo buscar y, finalmente, su esposa, cabiendo destacar en esta historia que siempre le fue fiel, a pesar de permitir su religión poder tener varias esposas y concubinas.

El reinado de Al Mutamid se vio influido por diversas circunstancias que cooperaron, tanto para sus triunfos políticos y militares como para sus adversidades personales y de sus vasallos.

Entre tales circunstancias habría que destacar primeramente el progresivo poder de **Alfonso VI**, rey de Castilla y León, que había conseguido conquistar la ciudad de Toledo estableciendo allí su capital, y que había ayudado a Al Mutamid a mantenerse en el trono de Sevilla, aunque a cambio de un fuerte tributo.

Además, habría que tener presente el nacimiento del imperio de los **Almorávides** en el norte de África. Dicho imperio fue fundado por **Abdallah Ben Jasin** y luego fue liderado por **Yusuf Abentexufin**, que consiguió que los bereberes del Sahara se acabaran convirtiendo al Islam. Ante la amenaza del avance de los cristianos, los reyes taifas de Sevilla y Granada acabarían pidiendo ayuda a Yusuf. Y fueron los ejércitos musulmanes los que terminarían venciendo al mismísimo rey Alfonso VI el 23 de octubre de 1086 en la famosa **batalla de Sagrajas**.

Sin embargo, Yusuf pasaría de colaborador a enemigo, pues acabaría apoderándose del reino de Sevilla y de otros reinos taifas del territorio peninsular, lo que acabaría destronando al rey sevillano Al Mutamid, quien, a partir de aquel entonces, caminó por un largo sendero de desdichas y sufrimientos, pues fue desterrado por los almorávides y acabó sus días sepultado en la ciudad marroquí de Agmat, donde escribió un poema acerca de sus glorias pasadas y su desconsoladora situación en el destierro:

Yo era amigo del rocío,
Señor de las indulgencias.
Amado de las almas y los espíritus;
Mi diestra regalaba el día de los dones.
Y mataba, los días del combate.
Mi izquierda sujetaba todas las riendas que dominaban.
A los corceles en los campos de batalla.
Hoy soy rehén, de la cadena y de la pobreza.
Apresado, con las alas rotas.

Al Mutamid es actualmente más famoso por su obra poética y por su vida amorosa que por sus labores políticas o militares. Y algunos lugares de la ciudad hispalense aún recuerdan, al llevar su nombre, a este soberano del reino de taifas. Habría que destacar que fue mecenas protector de poetas de al-Ándalus.

¿Sabías que *El Cid Campeador* vino a Sevilla gracias a Al Mutamid?

Al Mutamid tuvo una fuerte rivalidad y animadversión con el príncipe Abd Allah de Granada, hasta el punto de llegar a enfrentarse a él atacándolo con la ayuda del célebre personaje histórico español Rodrigo Díaz de Vivar, más conocido por todos como ***El Cid Campeador***.

Estatua ecuestre del Cid Campeador, perteneciente a su monumento

¿Qué ocurrió con Sevilla tras el destierro de Al Mutamid?

Tras el destierro del rey Al Mutamid, el reino de Sevilla pasó a depender completamente de los **Almorávides**, cuya capital habían establecido en Marraketch. Así, desde esta ciudad situada al sur de Marruecos fue gobernada Sevilla durante mucho tiempo, con la consiguiente pérdida de poder político. Sin embargo, Sevilla siguió fascinando y cautivando como ciudad. Hasta Yusuf la eligió para que fuera su residencia cuando viajaba desde sus posesiones africanas a sus dominios españoles.

¿Cómo fue Sevilla en tiempos de los almorávides? ¿Cómo vivían los habitantes de Sevilla en el siglo XII?

En el 1091 desapareció el reino taifa Abbadí y fue desterrado su último monarca Al Mutamid, por lo que Sevilla pasó a estar bajo dominio de los almorávides. Así, Sevilla se transformó en una de las ciudades más prestigiosas del Imperio que regían desde Marrakech. Sin embargo, sus ideas de purismo islámico les llevarían a ser intolerantes con los mozárabes y los judíos que habitaban en la península ibérica, siendo muchos de ellos perseguidos y exiliados al norte de África.

Los almorávides estuvieron gobernando en territorio ibérico hasta el año 1147 gracias a su fuerte organización militar, destacando los ***caídes***, que desempeñaban el cargo de gobernador y vigilaban los distintos distritos políticos-militares, entre los que se hallaba Sevilla.

Gracias al autor sevillano de la época Ibn`Abdün, cuya obra es conocida hoy como ***Tratado de Ibn`Abdün***, y a investigadores del siglo XX como Levi-Provençal y Emilio García Gómez, podemos conocer cómo se desarrollaba la vida diaria en la ciudad de Sevilla a comienzos del siglo XII.

Ocupaba un lugar predominante en la ciudad hispalense el espacio destinado a la venta de productos alimenticios.

Por lo general, cada familia se encargaba de amasar el pan que iba a consumir, para lo que adquiría cada año la provisión de trigo necesaria en el mercado, donde se lo pesaban y medían con gran minuciosidad, antes de que el trigo fuese transformado en harina por el molinero. Luego, una vez amasado, el pan era llevado por cada familia a hornear al horno común, cuyo hornero recibía como pago un salario en especie, concretamente un trozo de masa. De este modo, el hornero cocía todos estos panes y los vendía en el mercado.

Tenían una gran importancia la venta de aceite, además de la venta de frutos y legumbres, que llegaban en abundancia a Sevilla, siendo de destacar el gran consumo de higos y melones. Por otro lado, los vendedores de especias se agrupaban en una parte del zoco, tal y como sucedía en Córdoba, o actualmente sucede en Fez y en Túnez.

En cuanto a la venta de carne destacaba el abastecimiento de carne de cordero, de vaca y de cabra, además de carne acecinada. Las reses que iban destinadas para el consumo eran sacrificadas fuera del mercado y luego eran llevadas a los despachos por unos hombres que las portaban a cuestas, sin tener precaución alguna por no manchar de sangre a los viandantes.

Respecto al mundo de la construcción, había albañiles y maestros carpinteros que debían ajustarse a unas medidas previamente determinadas, de igual forma que debían ajustarse los fabricantes de tejas. También había alfareros y vidrieros, sin olvidar la preparación y venta de cal que daba trabajo a muchos hombres.

Otros oficios que había en Sevilla en época de los almorávides eran la herrería, la cestería, la latonería, la espartería y la fabricación de telas, la preparación de las pieles o la industria del cuero. Y, finalmente, decir que en Sevilla a principios del siglo XII se fabricaba todavía pergamino, aunque la industria del papel tenía ya gran importancia.

¿Habías oído alguna vez hablar de la picaresca que hubo en Sevilla ya en época almorávide? ¿En qué consistía?

Durante el dominio almorávide en la ciudad de Sevilla, los habitantes hispalenses tuvieron que adaptar sus costumbres a las imposiciones de los nuevos gobernantes y, gracias también al ***Tratado de Ibn`Abdün,*** podemos saber de ciertas prácticas llenas de picaresca. Entre tales argucias destaca la de cubrirse la parte inferior del rostro con un velo como un signo de poder y así inspirar temor y recibir muestras de estimación y respeto. Y es que no olvidemos que Sevilla ha sido elegido desde hace siglos como escenario de importantes novelas picarescas entre las que se encuentran las del mismísimo Miguel de Cervantes.

¿Sabías que Sevilla se convirtió en la capital almohade de al-Ándalus?

A mediados del siglo XII, el gran poder de los almorávides en la península ibérica fue disminuyendo como consecuencia de una serie de factores, como el avance de las tropas cristianas hacia el sur de la península ibérica, entre las que se encontraban las tropas castellano-leonesas del rey **Alfonso VII**. A esto habría que añadir la revuelta almohade norteafricana, que debilitaría el poder almorávide y terminaría provocando una fragmentación del poder político, que es conocido por algunos historiadores como el segundo periodo de reinos de taifas.

El imperio almohade surgió como consecuencia de una nueva reforma religiosa, iniciada por **Ibn Tumart**, bereber de las montañas del Alto Atlas al sur de Marruecos. Este movimiento rigorista defendía la unidad de Dios, lo que acabaría suponiendo un peligro para los almorávides, cuyo relajamiento religioso combatían con ardor. Ibn Tumart se estableció en Tinmal en 1125 y tomó el título de ***Mahdí***, el esperado para restaurar la verdadera fe, aunque hasta su muerte la revuelta se circunscribió a las montañas. Sería con su sucesor **Abd al-Mumín** cuando los almohades comiencen a emerger con fuerza, pues Abd al-Mumín terminaría sometiendo todo el norte de África y tomaría la ciudad de Marrakech en 1147, que había sido la antigua capital almorávide, y, tras destruir sus palacios y mezquitas, la convertiría en la nueva capital almohade.

Los almohades desembarcaron en Algeciras y Tarifa hacia 1146, después de haber sido reclamados para ayudar y liberar a un jefe almorávide que se hallaba acorralado en el Algarbe portugués. En resumen, se vuelve a repetir de nuevo la misma situación que anteriormente había acaecido con los almorávides, quienes habían acudido a la península para ayudar a las taifas frente a los reinos cristianos y luego terminaron invadiendo al-Ándalus. Y, también, nuevamente se vuelve a unir al-Ándalus y el Magreb, aunque incrementándose la base territorial almorávide al incorporarse Ifriqiya.

De esta forma, a mediados del siglo XII los almorávides acabarían siendo derrotados y sustituidos en el gobierno de Sevilla y otros lugares peninsulares por una nueva oleada de musulmanes africanos, los almohades.

¿Tenías constancia de que Sevilla llegó a sustituir en el año 1172 como capital de todo el imperio almohade a la ciudad de Marrakech que había sido la antigua capital almorávide y almohade?

El sucesor de Abd al-Mumín, **Abu Yaqub Yusuf I** (1163-1184), sería el encargado de consolidar la ocupación almohade en la península ibérica y fortificar las ciudades de Cáceres, Badajoz y Sevilla. Además, Abu Yaqub Yusuf fue quien realizaría un importantísimo cambio que engrandecería y favorecería enormemente la ciudad hispalense, pues convirtió Sevilla en 1172 en la capital del imperio almohade, sustituyendo de esta forma a la ciudad de Marrakech que, hasta entonces, había ejercido de capital del imperio almohade desde el año 1147 y con anterioridad había sido también la capital del imperio almorávide.

¿Habías oído alguna vez hablar de «la novia de las ciudades de al-Ándalus»?

Sevilla llegaría a ser conocida como «la novia de las ciudades de al-Ándalus», y es que Sevilla acabaría ejerciendo un papel fundamental al pasar a convertirse en la capital política y administrativa de todo el territorio de la península que estaba bajo dominio almohade. De hecho, el califa **Al-Nasir** concentró en la ciudad de Sevilla un fuerte ejército, el mismo que posteriormente sería derrotado en la **batalla de las Navas de Tolosa**, siendo dicha derrota la primera señal de debilidad que se manifestó entre los Almohades. Pero cabría destacar que ello no impidió que Sevilla llegara a convertirse en la sede suprema del gobierno almohade en la península ibérica.

Un cronista y geógrafo musulmán del siglo XII, llamado **Al Idrisi**, escribió así acerca de la ciudad hispalense:

Es grande y muy poblada. Las murallas son sólidas, los mercados numerosos, haciéndose en ella gran comercio, la población es rica. El principal artículo de comercio de esta ciudad es el aceite, que se envía a Oriente y a Occidente por tierra y mar; este aceite procede del territorio del Aljarafe, cuya longitud es de cuarenta millas y que está todo cubierto de olivos e higueras: se prolonga desde Sevilla hasta Niebla, en una anchura de más de doce millas. Existen en él ocho villas florecientes con gran número de baños y hermosos edificios[2].

Por las palabras de esta crónica se podría concluir que el dominio almohade significó un gran empuje para la ciudad de Sevilla, llegando a constituir una de las etapas más resplandecientes de su historia. La dependencia con el califa de Marrakech propició prósperos y beneficiosos intercambios tanto a nivel comercial como cultural entre ambas ciudades.

---

2. J. ENRIQUE LÓPEZ DE COCA CASTAÑER. *Historia de Andalucía,* p.90, donde se cita al cronista y geógrafo musulmán del siglo XII, llamado Al Idrisi. Ed Planeta.

¿Sabías que la mayor parte de los restos musulmanes que se conservan en Sevilla pertenecen al periodo almohade? ¿A qué se debe la simplicidad decorativa, pero al mismo tiempo con aspecto monumental, de sus construcciones? ¿Sabías que se ha llegado a comparar la arquitectura almohade con la arquitectura cisterciense del arte occidental cristiano debido a su sobriedad y pureza de líneas?

Los almohades tuvieron una especial actuación en la ciudad hispalense en lo que a edificios públicos se refiere.

A nivel artístico, las consecuencias del período almohade fueron las de una mayor simplicidad y monumentalidad, reflejo de los principios religiosos de pureza y austeridad del movimiento rigorista almohade que defendía fervientemente la unidad de Dios. Además, hubo un importantísimo esplendor de la arquitectura militar, tanto por la cantidad de sistemas defensivos como por su calidad, algo que no dejaba de ser sino el reflejo de la estructura de la supremacía almohade. Y es que, con el fin de defender sus ciudades, los almohades las rodearon de fuertes y potentes sistemas defensivos, como fue el caso de Sevilla.

Las manifestaciones artísticas se caracterizarían por una decoración nueva, totalmente alejada de la abundancia andalusí y almorávide, pues sería una transcripción al arte del espíritu almohade que seguía fielmente el puritanismo religioso del ***mahdí*** ibn Tumart. Así, la necesidad artística de austeridad y sobriedad que defendían los almohades fue solventada por los artistas andaluces, creando una decoración con espacios vacíos, dando lugar al entrelazo geométrico sin ornamentación floral y al ataurique con hojas lisas en lugar de talladas propias del período almorávide. Además, la nueva esencia almohade se expresa artísticamente en la grandeza de los monumentos, en las colosales masas arquitectónicas que irían aumentando con el transcurrir del tiempo, alcanzando su máxima expresión en la gran mezquita de Hassan en Rabat, que se trata de la segunda mezquita más grande de todo el Islam, después de la mezquita de Samarra.

En el arte almohade va a utilizarse la argamasa, el ladrillo, el yeso y la madera como materiales de construcción. Se va a utilizar el pilar como elemento fundamental de soporte, se abandonaría el arco de herradura para predominar el de herradura apuntado o túmido y se reservaría el arco lobulado de grandes lóbulos, el lobulado de lóbulos trebolados y el de lambrequines para aque-

llas zonas arquitectónicas que se deseen subrayar y destacar. Y un aspecto a destacar va a ser la búsqueda de la esbeltez y la mayor altura que irán adquiriendo las construcciones, tendencia a la elevación que ocurriría paralelamente en la arquitectura occidental cristiana con el arte gótico que surge a mediados de este mismo siglo XII.

Sin embargo, una de las principales características del arte almohade va a ser la utilización de los grandes paños decorativos a base de ***sebka***, especialmente en alminares o torres de las mezquitas, que consiste en la creación de una doble retícula romboidal en dos planos, constituida por la prolongación y entrecruzamiento de los arcos lobulados y mixtilíneos, y cuyo mejor ejemplo lo encontramos en la famosa torre conocida por todos como ***Giralda***.

Paños de *sebka* de la Giralda

¿No te ha llamado nunca la atención que la planta de la catedral de Sevilla tenga forma cuadrada en lugar de la habitual forma de cruz latina que poseen la mayor parte de las catedrales góticas? ¿Sabías que se debe, precisamente, a que fue erigida sobre el solar de la antigua mezquita aljama construida durante el período almohade?

Seguramente, no te hayas fijado nunca, pero si observas una vista aérea de la catedral hispalense te llame la atención su peculiar forma cuadrada, o quizás no, debido a lo sumamente acostumbrados que estamos a contemplar esta hermosa construcción. Sin embargo, si comparásemos esa vista aérea con otras vistas aéreas de diferentes catedrales góticas europeas y viésemos el predominio de la cruz latina que muestran la mayoría de ellas nos resultaría llamativo que Sevilla no la tenga. Esto se debe a que fue utilizado para su construcción el mismísimo solar que antaño había sido ocupado por la mezquita aljama sevillana.

¿Cuándo se realizó la antigua mezquita aljama de Sevilla? ¿Sabías que previamente hubo una mezquita mayor donde hoy se encuentra el templo barroco del Divino Salvador situado en la plaza del mismo nombre? ¿Qué partes se siguen conservando en la actualidad de ambas mezquitas?

La construcción de la gran mezquita se inició en el año 1172, cuando Sevilla se convierte en la capital de todo el imperio almohade, ya que, desde 1147 hasta 1172, la capital imperial había sido la ciudad de Marraketch.

Las obras de la mezquita mayor se hicieron bajo la dirección del jefe de alarifes Ibn Abbad Ahmad ibn Baso.

Afortunadamente, es posible conocerse las noticias de su edificación gracias a la crónica de Ibn Sahib al-Sala. Entre todos los datos que aporta destaca la mención de que esta nueva mezquita aljama o mezquita de los viernes desplazaba en importancia a la que había sido la aljama hispalense con anterioridad: la mezquita de Ibn Adabbas, que había sido fundada por Abd al-Rahman II y que se hallaba donde hoy día se alza la iglesia barroca del Salvador. Sin embargo, el califa almohade, en lugar de mandar destruir esta antigua mezquita, mandó que fuera consolidada. Y esto lo hizo por consideración a los sevillanos.

De hecho, no será casualidad que la mezquita de Ibn Adabbas, tras la reconquista de Sevilla, pasara a convertirse en el segundo templo cristiano de la ciudad —la colegiata del Salvador—, y que la nueva mezquita aljama pasara a convertirse en la catedral hispalense. De la mezquita de Ibn Adabbas decir que su ***haram*** o sala de oraciones fue conservado hasta el año 1671, cuando se derribó para comenzar las obras del actual templo barroco, el cual, actualmente, sigue conservando el patio y el alminar. Y con respecto a la nueva mezquita aljama habría que señalar que su sala de oraciones o ***haram*** se mantuvo hasta la fábrica cristiana del siglo XV, pues sería derribada para levantarse a partir de 1401 la fábrica gótica, conservándose actualmente gran parte del antiguo patio y su alminar, muy reformado en época renacentista.

Restos de la antigua mezquita de Sevilla Ibn Adabbas

Restos de la antigua mezquita de Sevilla Ibn Adabbas

¿Cómo fue la antigua mezquita aljama de Sevilla?

Las mezquitas almohades tenían una planta que se caracterizaba por su composición simétrica, donde el ***haram*** o sala de oraciones presentaba las naves en dirección perpendicular al muro de la ***qibla*** y con una transversal o de crucero situada de forma paralela a la ***qibla***. Pero además se perfeccionaría la planta en forma de T que ya había sido empleada previamente en la mezquita cordobesa, pues además de enfatizar la nave principal central se destacarían también las naves laterales extremas por medio del otorgamiento de una mayor anchura a estas tres naves, por la mayor concentración de la decoración y por terminar cada una de ellas con un espacio cubierto con cúpula en la nave de la ***qibla***. El ***sahn*** o patio de la mezquita almohade seguirá la tradición almorávide caracterizado por unas menores dimensiones y planta rectangular, además de estar formados los pórticos o ***riwaqs*** por la prolongación de las naves laterales extremas.

La gran mezquita almohade de Sevilla tenía unas proporciones aún mayores que las de la ***Qutubiyya*** de Marrakech, siguiendo la misma disposición en planta que esta tenía, es decir, diecisiete naves perpendiculares al muro de la ***qibla***, con la central y laterales extremas de mayor anchura, además de tener la nave de crucero que era paralela a la ***qibla***, también de mayor anchura y donde se hallaban las cinco cúpulas. El patio o ***sahn*** estaba constituido por la prolongación de las dos naves laterales extremas de cada lado, y por suerte ha llegado hasta la actualidad, exceptuando los pórticos o ***riwaqs*** occidentales que fueron derribados en el siglo XVII para construir el templo parroquial del Sagrario. Este antiguo ***sahn*** es el actual patio de los Naranjos y habría que destacar la ***puerta del Perdón***, que fue muy modificada en 1522 por decoración renacentista. No obstante, también se conservan de época almohade la bóveda de mocárabes de la puerta oriental del patio y las puertas enchapadas de bronce con los aldabones de la puerta del Perdón y las yeserías del intradós del arco interior de esta puerta.

Vista de la Giralda desde
la puerta del Perdón

Restos musulmanes al lado de la Giralda

¿Por qué la puerta que daba acceso al *sahn* se conoce como *puerta del Perdón*?

Puerta del Perdón es la designación habitual en España para una de las portadas de acceso a las catedrales e iglesias. Su denominación está estrechamente ligada a las devociones que traían aparejadas la concesión de indulgencias, normalmente otorgadas en el transcurso de romerías y peregrinaciones, como la del ***Camino de Santiago***, o en ocasiones especiales, como un año santo.

Como curiosidad decir que las puertas del Perdón de las catedrales de Córdoba y de Sevilla tienen la particularidad de ser antiguas puertas de las mezquitas mayores de ambas ciudades, que dan acceso al antiguo patio de las abluciones.

Puerta del Perdón por fuera

¿Qué califa mandó construir el alminar de la antigua mezquita aljama? ¿Cómo se llamaban los alarifes que dirigieron las obras? ¿Cuántos años tardaría en construirse la torre que hoy es símbolo de la ciudad hispalense?

El aminar de la gran mezquita almohade, conocido popularmente como la *Giralda*, fue comenzado en el año 1184 por orden del califa Abu Yaqub Yusuf y bajo la dirección del alarife Ahmad ibn Baso. Pero se interrumpieron las obras muy pronto debido a la muerte del califa. A esta primera etapa corresponde el basamento de piedra sillar. Las obras se retomarían con su sucesor Abu Yusuf Yaqub al-Mansur (1184-1199), bajo la dirección del alarife Alí de Gómara. Es entonces cuando se produce el cambio en los materiales de construcción, sustituyéndose el empleo de la piedra sillar por el ladrillo, ejecutándose lo más importante entre el 1189 y el 1195.

En definitiva, se podría decir que principalmente la torre fue construida durante unos once años aproximadamente, desde el año 1184 hasta el 1195.

Giralda vista desde el callejón de la Judería

¿Cuáles fueron las peculiaridades o características del alminar de la gran mezquita almohade hispalense conocido hoy día como la *Giralda*?

La ***Giralda*** sigue la misma estructura en planta de los grandes alminares almohades, caracterizados por tener una planta cuadrada y estar constituidos por medio de dos torres, donde una circunscribe a la otra, quedando la torre interna dividida en altura en varias estancias cubiertas por bóvedas, y extendiéndose entre ambas torres una rampa de subida que llevaría hasta la terraza del primer cuerpo del alminar.

Además, habría que añadir una peculiaridad en el caso de los alminares almohades hispanomusulmanes, pues inspirándose en el modelo del **alminar de la mezquita aljama de Córdoba** que fue mandado construir por **Abd al-Rahman III**, tendrían dos cuerpos finalizados en almenas escalonadas y el segundo de esos cuerpos estaría constituido por la extensión en altura de la torre interior.

El alminar está situado en la parte oriental de la antigua mezquita aljama sevillana, concretamente adosado en el encuentro de la sala de oraciones y del patio. Es de planta cuadrada y cada uno de sus lados mide 13,60 metros. Está constituido por dos torres, una dentro de la otra y entre ambas se encuentran las rampas de subida, en lugar de las escaleras tradicionales, que se hallan cubiertas por bóvedas de arista. La torre interior se encuentra dividida en altura en siete estancias, estando estas cubiertas por bóvedas vaídas y de aristas.

Lo más representativo y peculiar de la decoración externa del alminar es la división de la parte superior del primer cuerpo de la torre en tres calles verticales. La central se dejaría para los vanos, donde se irían alternando arcos de herradura y arcos lobulados, siempre guarecidos por arcos de lambrequines. Mientras que las calles laterales embellecidas por dos series superpuestas de paños de ***sebqa*** doble, que partirían de columnas y capiteles reutilizados y que procedían de época califal y más concretamente de la antigua ciudad de ***Madinat al-Zahra***.

A simple vista, parece que todos los lados de la torre tienen dichos vanos y paños de ***sebqa*** a la misma altura, pero es una simple ilusión óptica, pues si observamos con detenimiento podremos contemplar que no poseen la misma altura, sino que van ascendiendo al mismo tiempo que lo hace la rampa de subida interior.

Otro detalle a destacar es el friso de arquillos ciegos entrecruzados que se encuentra rematando este primer cuerpo, los cuales aluden a su carácter hispanomusulmán al poderse vincular con el **alminar cordobés** de **Abd al-Rahman III**.

Aunque hoy día el aspecto de la parte superior del alminar dista mucho de cómo fue, debemos imaginar que antaño estuvo rematado por un ***yamur***, que era un coronamiento constituido por cuatro manzanas de bronce dorado ensartadas y cuyo diámetro iba decreciendo en altura. El ***yamur*** fue puesto el 10 de marzo de 1198 en una majestuosa ceremonia. Pero, en el año 1355, se produjo un terremoto que provocó que el espigón del ***yamur*** que ensartaba las cuatro esferas se rompiese y las manzanas doradas cayesen con gran estruendo al suelo, lo que originaría la modificación del remate primero por una espadaña y luego por el actual campanario renacentista del siglo XVI que debemos al gran arquitecto cordobés **Hernán Ruiz *El Joven*** o **Hernán Ruiz II**. En un dibujo realizado en 1910 por Alejandro Guichot y Sierra se pueden apreciar los tres estados por los que pasó la ***Giralda***.

Vista de la Giralda de noche

¿En qué obras arquitectónicas previas se inspiró la mezquita almohade sevillana y su alminar para su construcción y decoración? ¿Sabes cuál es el referente que tomó la *Giralda* para su construcción?

La mezquita almohade de Sevilla tuvo varias influencias. Por un lado, tuvo unas significativas influencias norteafricanas, entre las que habría que destacar la mezquita funeraria de Tinmal en cuanto a los tres ejes perpendiculares principales —nave central y naves laterales extremas— que culminan en espacios cubiertos con cúpula en la nave transversal a la ***qibla***. Y, por otro, tuvo ciertos influjos andaluces del arte cordobés, como por ejemplo la mayor profundidad del patio, que llega a alcanzar siete tramos en lugar de los cuatro que tenían las mezquitas de **Tinmal** o **Marrakech**, o el friso de arquillos ciegos entrecruzados que tienen una estrecha vinculación al **alminar de Abd al-Rahman III** en la mezquita mayor cordobesa. Además, otra de las peculiaridades andaluzas derivadas del arte cordobés fue la mayor exuberancia decorativa, algo que se puede apreciar perfectamente en la zona que se conserva del antiguo ***sahn*** o patio, lugar que habitualmente carecía de ornamentación, lo que reafirmaría la hipótesis de la participación en la mezquita almohade hispalense tanto de artistas norteafricanos como de artistas andaluces.

Y una influencia tanto de la **mezquita norteafricana de Qairawan** como de la mezquita aljama de **Al-Hakam II** en **Córdoba** fue la planta en forma de T, con la disposición de las naves de la sala de oraciones de forma perpendicular a la ***qibla*** y una transversal o de crucero situada de forma paralela a la ***qibla***.

La ***Giralda*** se inspiró para su construcción en el **alminar de la mezquita Kutubia de Marrakech** (Marruecos) que tiene 79 metros de altura y fue también construido en el siglo XII, constituyendo una obra maestra del arte hispano-magrebí. El alminar de la mezquita Kutubia posee una estructura muy similar a la torre sevillana, siguiendo la característica tipología de los alminares de la escuela hispanomarroquí, con un cuerpo principal sobre el que se ubica otro de proporciones notablemente reducidas a modo de remate. Además, habría que destacar la inacabada y espectacular ***gran Torre Hasan*** de Rabat, que se considera hermana de la ***Giralda*** y cuyo proyecto de construcción original preveía una altura de 60 metros, aunque, desafortunadamente, las obras se interrumpieron cuando alcanzaba los 44 metros. En ambos precedentes se encuentran los elementos decorativos característicos del arte almohade, que se hallan reproducidos en la ***Giralda***.

Vista de la Giralda desde la calle Mateos Gago

La Giralda

¿Tenían alguna finalidad las cuatro manzanas de bronce dorado de diámetro decreciente que conformaban el *yamur* del antiguo alminar de la mezquita mayor de Sevilla o era simplemente un elemento decorativo?

Durante la época almohade, la altura del antiguo alminar —hoy conocido como ***la Giralda***— era de 76 metros y el resplandor que provocaban las cuatro manzanas de bronce dorado de diámetro decreciente del ***yamur*** que coronaba la torre cuando los rayos de sol se posaban sobre ellas se podía vislumbrar a una distancia de veinte kilómetros, lo que permitía que los musulmanes de las comarcas colindantes pudiesen utilizar dicho brillo como punto de referencia a la hora de orientarse hacia **la Meca**.

¿Sabías que la *Giralda* fue durante siglos la torre más alta de España e incluso una de las construcciones más elevadas y famosas de toda Europa?

La ***Giralda*** mide 97,5 metros de altura, o 101 si se incluye la veleta o escultura de la Fe conocida como el ***Giraldillo***, que mide 3,5 metros. Esta torre fue durante siglos la torre más alta de España, así como una de las construcciones más elevadas y famosas de toda Europa. Por ejemplo, la famosa ***Torre de Pisa*** mide 55,8 metros y el ***Big Ben*** de Londres 96,3 metros.

¿Sabías que la *Giralda* forma parte tanto del Patrimonio Nacional como del Patrimonio de la Humanidad?

El 29 de diciembre de 1928 fue declarada Patrimonio Nacional y en 1987 pasó a formar parte de la lista del Patrimonio de la Humanidad.

¿Sabías que la pérdida de la sala de oraciones de la gran mezquita almohade de Sevilla y especialmente la desaparición de sus cúpulas supone un eslabón perdido en el conocimiento de la evolución del arte hispanomusulmán? ¿Sabías que la estructura de los alminares almohades pasaría posteriormente a las torres cristianas del arte mudéjar en Aragón?

Su pérdida nos impide poder conocer y comprender tanto la formación del **arte mudéjar** sevillano, que se podría considerar consecuencia o continuación del arte almohade, como de los inicios o comienzos del **arte nazarí** de Granada. De hecho, resulta llamativo que la estructura de los alminares almohades pasara posteriormente a las torres cristianas del **arte mudéjar** en Aragón, tanto para las torres cuadradas como las octogonales.

¿Qué ocurrió con el alminar cuando Sevilla fue reconquistada? ¿Qué famosas palabras fueron pronunciadas por el príncipe Alfonso ante el temor de que los musulmanes pudieran derribar la torre?

Cuando la ciudad de Sevilla fue reconquistada por Fernando III, conocido por todos como San Fernando, en el año 1248, se siguió conservando la mezquita aljama almohade y su alminar. De hecho, resulta muy curioso que el príncipe Alfonso, quien acabaría convirtiéndose en el futuro Alfonso X *El Sabio*, prohibió terminantemente cualquier intento de derribo del alminar por parte de los musulmanes, con la famosa advertencia consistente en que *por un solo ladrillo que quitasen de la torre los pasaría a todos a cuchillo*.

¿Cómo fueron los sistemas defensivos almohades? ¿Sabías que los lienzos de muralla y puertas que siguen aún en pie en la ciudad hispalense son de época almohade?

La arquitectura militar almohade tuvo un gran desarrollo tanto en cantidad como en calidad, debiéndose destacar las nuevas tipologías de los sistemas defensivos. El material principal que se emplearía sería el muro de argamasa. Una de las principales singularidades de las cercas o recintos fortificados almohades es que sus torres son más elevadas que los lienzos de muralla.

Además, habría que destacar la **barbacana**, que era un recinto amurallado más bajo que rodeaba exteriormente el principal, con lo que se conseguía defender la muralla principal al impedir el acercamiento de los ingenios de asalto, algo que a su vez quedaba reforzado por el **foso externo** que rodeaba la barbacana.

A todo este complejo y estudiado sistema defensivo había que sumar las **torres albarranas** y las **corachas**, que tenían la misión de aumentar la eficacia defensiva hacia los puntos estratégicos exteriores sobre los que se deseaba incrementar la seguridad y protección. La **torre albarrana** consistía en una torre externa a la muralla que hacía las veces de avanzadilla a la que normalmente iba unida por un muro con adarve, lo que permitía poder sorprender a los atacantes. La **coracha** es un muro con adarve que partía del recinto amurallado y que podía llegar hasta un río con la finalidad de garantizar el aprovisionamiento de agua e incluso hasta el mar, para defender la salida de este.

También, las puertas en recodo se hicieron de forma aún más compleja. Estos enmarañados sistemas defensivos almohades tenían su precedente en la arquitectura bizantina, siendo el más cercano en el tiempo la **arquitectura militar fatimí**.

Abu Yaqub Yusuf fue el califa que dotó a **Cáceres**, **Badajoz** y **Sevilla** de recintos fortificados. De hecho, sobresale de especial manera la alcazaba de Badajoz, pues se trata de la alcazaba más grande de Europa.

En Sevilla, el recinto fortificado de época almohade llegó casi intacto hasta la segunda mitad del siglo XIX, pudiendo apreciarse dicho perímetro en el **plano** que ordenó **Pablo de Olavide** en el año 1771. La muralla fue realizada a base de argamasa, con cal, arena y guijarros, empleándose el ladrillo tanto para los sistemas abovedados como para las singulares impostas. En el lienzo de muralla sobresalían en altura un cuantioso número de torres, pues se llegaron a alzar 166 torres, siendo de planta cuadrada la mayoría de ellas, aunque algunas fueron de planta poligonal. Al ser más altas las torres que el lienzo de muralla, permitía poder comunicar unas torres con otras mediante pasos abovedados.

Hoy día, la parte mejor conservada de la antigua muralla almohade es el tramo situado en el barrio de la Macarena y que iría desde el ***arco de la Macarena*** hasta la ***puerta de Córdoba***, pudiéndose apreciar perfectamente tanto la mayor elevación de las torres como el antemuro o barbacana tan característicos de la arquitectura militar almohade.

Lienzos de muralla del barrio de la Macarena

Torres y lienzo

Torres y lienzo

Puerta de Córdoba

Puerta de la Macarena

Puerta del Postigo

Torre del Oro

Torre de la Plata

¿Qué función desempeñaba la *Torre del Oro*? ¿Sabías que solo el primer cuerpo de la *Torre del Oro* es en realidad de época almohade? ¿Sabías que la tradición que sostiene que hubo una gruesa cadena sobre el río para defender la entrada al puerto fluvial y que iría desde la *Torre del Oro* hasta otra torre situada en Triana es falsa?

La *Torre del Oro* es una torre albarrana, que se encontraba unida por una coracha al perímetro amurallado de la ciudad de Sevilla. Su altura es de 36 metros.

Fue declarada monumento histórico-artístico en el año 1931 y ha sido restaurada en varias ocasiones, acometiéndose las últimas intervenciones en 1900, entre 1991 y 1992, en 1995 y en 2005.

Constituía la parte más importante del sistema defensivo de la ciudad almohade, puesto que defendía el puerto. Cerraba el paso al Arenal mediante un tramo de muralla que la unía por el *Postigo del Carbón* con la *Torre de la Plata* y a través de la calle Santander con la *Torre de Abd el Aziz* y de allí al Alcázar.

Existe una tradición que sostiene que, para impedir la entrada al puerto fluvial, se extendió desde el basamento de la *Torre del Oro* una gruesa cadena sobre el río hasta otra torre situada al otro lado del río, en el actual

Torre de la Plata

barrio de Triana. Pero tal leyenda es falsa, entre otras cosas porque en las **Crónicas de Alfonso X *El Sabio***, donde describe al detalle la toma de la ciudad de Sevilla, solo se menciona una cadena. Esta cadena era la que sujetaba el conjunto de barcas que formaba el puente que unía la orilla de Sevilla y la de Triana, y que unía además la ciudad de Sevilla con el castillo que posteriormente sería conocido como castillo de San Jorge.

La *Torre del Oro* está erigida en argamasa con basamento y piedras de sillería en las esquinas. Es una torre formada por tres cuerpos. El primer cuerpo tiene forma dodecagonal y fue erigido en época almohade entre 1220 y 1221. Según al-Qirtas, esta torre fue mandada construir por el gobernador de la ciudad **Abù l-Ulà**, quien previamente había erigido las dos torres de Mahdiyya, en Túnez. El segundo cuerpo también posee forma dodecagonal, sería del siglo XIV y habría sido mandado construir por **Pedro I *el Cruel***, una hipótesis que ha podido ser confirmada por los últimos estudios arqueológicos. Y el cuerpo superior, cilíndrico y rematado en cúpula dorada, fue construido en 1760, tras el terremoto de Lisboa de 1755, por el ingeniero militar **Sebastián Van der Borcht**.

¿Conoces la historia de la *Torre de la Plata*? ¿Sabías que dicha torre formaba parte del antiguo lienzo de coracha que unía la *Torre del Oro* con el recinto fortificado?

Sevilla es famosa por la *Torre del Oro*, pero también existe la *Torre de la Plata*.

La *Torre de la Plata* de Sevilla es una torre octogonal del siglo XIII, situada en la calle Santander, que se unía por un lienzo de muralla a la *Torre del Oro*, siendo derribado parte de él en 1821. La *Torre de la Plata* se trata, por lo tanto, de una torre intermedia entre el recinto fortificado y la *Torre del Oro*, constituyendo lo único que queda hoy día del antiguo lienzo de coracha.

La *Torre de la Plata* fue reconstruida en época cristiana, tal y como delata la estructura interna, donde hay dos estancias superpuestas cubiertas con bóvedas de crucería.

En el siglo XVIII, la *Torre de la Plata* fue parcialmente ocultada por la construcción de una serie de viviendas que seguían el proyecto de un arquitecto italiano llamado Vermondo Resta. A finales del siglo XX, fue utilizada como cobijo por indigentes. En el año 1992, fue parcialmente restaurada, aunque actualmente se halla en un pésimo estado de conservación.

¿Sabías que el primer puente que hubo en Sevilla estaba formado por barcas y que estuvo en uso durante siete siglos?

Especialmente relevante ha sido la importancia que históricamente ha tenido Sevilla. Sin embargo, no contó con un puente fijo y estable hasta mediados del siglo XIX.

Ni siquiera los romanos construyeron un puente en la ciudad hispalense, a pesar de ser grandes ingenieros capaces de salvar grandes obstáculos y desafíos a la hora de construir puentes, acueductos y grandiosos edificios como anfiteatros, circos, termas, teatros o carreteras que siguen perdurando hoy día.

Sevilla tiene un suelo arcilloso, por lo que dificultó durante siglos el emplazamiento de un puente fijo. Sin embargo, dicho obstáculo se lograría salvar en el siglo XIX, durante el reinado de Isabel II. Y tal desafío fue conseguido gracias a los ingenieros franceses **Gustavo Steinacher** y **Ferdinand Bennetot**. Resumiendo, nos referimos sin lugar a dudas al famoso ***Puente de Triana*** o ***Puente de Isabel II***.

El puente de Barcas fue el primer y único puente durante casi siete siglos sobre el río Guadalquivir a su paso por la ciudad de Sevilla, y servía como vía de comunicación entre la ciudad hispalense y el arrabal de Triana, además de permitir acceder a la zona del Aljarafe.

Fue ordenado construir en 1171 por el califa almohade **Abu Yaqub Yusuf**. Estuvo formado por trece barcas amarradas con cadenas sobre las que se apoyaban fuertes tablones de madera. Y su emplazamiento fue exactamente el lugar ocupado hoy día por el actual puente de Isabel II.

El puente de Barcas fue uno de los símbolos del período almohade, época en la cual Sevilla tuvo un importante papel al convertirse en la capital. Esta construcción fue contemporánea del famoso acueducto de los Caños de Carmona. Además, coincidió con la realización de los jardines de la Buhaira. Y, por supuesto, con el minarete de la nueva mezquita mayor, que sería conocido años después como la ***Giralda***.

¿Qué dos famosas batallas presenció el antiguo puente de Barcas?

La importancia estratégica de este enclave ha dado pie a que tuvieran lugar en el antiguo puente de barcas dos batallas fundamentales cuando se ha intentado tomar la ciudad.

El primer suceso tuvo lugar durante la Reconquista de Sevilla por parte de **Fernando III** de Castilla el 3 de mayo de 1248. El Almirante de Castilla, **Ramón de Bonifaz**, consiguió soltar dicho puente al embestirlo con dos de sus naves más gruesas. Aunque el puente había sido reforzado para prevenir posibles embestidas y aguantó la primera, la segunda lo terminó soltando. Tras la caída de la ciudad, el puente fue reparado y siguió en uso.

El segundo suceso tuvo lugar a principios del siglo XIX, concretamente, en agosto de 1810. Ese año tuvo lugar una batalla con un contingente español e inglés contra las tropas francesas para volver a capturar la ciudad de Sevilla, que había sido tomada por los franceses. Esta batalla de la Guerra de la Independencia es conocida como la ***Batalla de Sevilla*** o como ***Batalla del Puente de Triana***.

¿Sabías que por este insólito puente de barcas cruzaron en el pasado condenados por la Inquisición y que en el año 1830 cruzó la hermandad de la O para poder hacer estación de penitencia a la Catedral?

Además, otro dato curioso sobre este insólito puente fue que también cruzaron por él muchos de los condenados por la Inquisición. Estos iban desde el castillo con destino al quemadero de San Diego. Hay que tener presente que, entre 1481 y 1781, la antigua fortaleza visigoda se convirtió en sede y prisión de la Inquisición Española o el Santo Oficio.

Y, finalmente, cabría destacar que por este puente pasó la **hermandad de la O** en 1830. Por lo tanto, fue la primera hermandad de la ***Semana Santa de Triana*** que cruzó a Sevilla para realizar estación de penitencia en la Catedral. Y es que previamente las hermandades de Triana la realizaban en la **iglesia de Santa Ana**, conocida como la ***Catedral de Triana***.

¿Qué evidencias quedan hoy día de la arquitectura civil almohade? ¿Sabías que la tipología del *Patio del Yeso* del Alcázar de Sevilla reaparecería posteriormente en el arte nazarí de Granada?

Respecto a la arquitectura civil almohade, lo más sobresaliente se halla en el interior del alcázar de Sevilla, un complejo arquitectónico de complicada y enmarañada historia, donde se van yuxtaponiendo las diferentes etapas constructivas, tanto de época musulmana como cristiana, resultando a veces difícil delimitar cronológicamente cada zona que lo conforman. De época almohade correspondería seguramente el llamado ***Patio del Yeso***, cuya tipología acabará pasando a la arquitectura nazarí de Granada, de igual forma que también pasaría el patio de crucero de época almorávide.

El nombre de ***Patio del Yeso*** se debe a la creencia de que correspondería al «cuarto del Yeso» que en el siglo XV citó **Rodrigo Caro** en sus ***Anales de Sevilla***, que acabaría siendo olvidado y redescubierto posteriormente por **Tubino** en 1890. A principios del siglo XX fue solícitamente consolidado por el **marqués de la Vega Inclán**, siendo su última restauración la de Rafael Manzano.

Se trata de un patio de forma rectangular que posee una alberca en el centro y un pórtico en uno de sus lados, poseyendo tal pórtico una arquería de siete arcos, donde el central es de mayores proporciones que el resto, y apea sobre pilares, mientras que los arcos laterales lo hacen sobre columnas y capiteles reutilizados procedentes de época califal. Todos los arcos son lobulados, siendo de destacar la diferencia en la decoración superior del arco central con cintas curvas entrelazadas y la decoración superior de los arcos laterales con paños de ***sebka*** completamente calados. Al fondo del pórtico hay una puerta de arcos gemelos de herradura sobre columna central que comunican con un salón.

Esta distribución de patio rectangular con alberca y con pórtico en uno de sus laterales dando acceso a un salón rectangular, se trata de una tipología palatina que posteriormente se volvería a dar en la **arquitectura nazarí granadina**.

Por último, decir que, en una de las últimas intervenciones llevadas a cabo por Rafael Manzano, fue excavado y restaurado un patio de crucero que había sido reconstruido por los almohades.

¿Sabías que el acueducto de los Caños de Carmona fue el primer suministro de agua potable que tuvo Sevilla? ¿Sabías que, a pesar de su nombre, dicho acueducto traía el agua a Sevilla desde el manantial de Santa Lucía, en Alcalá de Guadaíra, y no de Carmona?

El origen del acueducto de los Caños de Carmona es romano, totalmente reconstruido en época musulmana. Concretamente, el esplendor de tal acueducto fue en la época almohade y funcionó a pleno rendimiento hasta su demolición en 1912.

A pesar de lo que la mayoría piensa, el nombre otorgado a dicho acueducto no se debía a que trajese el agua desde Carmona, pues en realidad traía el agua a Sevilla desde el manantial de Santa Lucía, en Alcalá de Guadaíra. Lo que sucede es que su trazo terminaba en la *Puerta de Carmona*, que fue destruida en 1868, y en ese punto había un depósito desde el que se distribuía el agua hacia los distintos puntos de abastecimiento de la ciudad hispalense —a los Reales Alcázares, a la Huerta del Rey o a las fuentes públicas.

Los historiadores mantienen que fue el califa **Abu Yaqub Yusuf** quien lo erigió a la vez que la mezquita y la *Giralda*. Estaba compuesto por entre 390 y 410 arcos, y se estima que aportaba cinco mil metros cúbicos de agua potable al día.

Acueducto de los Caños de Carmona

Acueducto de los Caños de Carmona

¿Cómo fue el final de la época almohade? ¿Sabías que la batalla de Las Navas de Tolosa ha sido considerada tradicionalmente por las crónicas y gran parte de la historiografía como el punto culminante de la Reconquista y el inicio de la decadencia de la presencia musulmana en la península ibérica?

En el año 1195 el califa **Al-Mansur** desembarcó en la península ibérica con el objetivo de encabezar la «guerra santa» contra los cristianos castellanos, a quienes acabaría venciendo en la denominada **batalla de Alarcos**, que tuvo lugar en las inmediaciones de Ciudad Real, motivo que explicaría que algunas ciudades manchegas pasaran a manos musulmanas. Esta derrota cristiana acabaría llevando a la posterior victoria a los cristianos en la **batalla de las Navas de Tolosa**, puesto que el rey **Alfonso VIII de Castilla** se revelaría y querría contraatacar a los almohades.

El rey Alfonso VIII de Castilla tuvo la iniciativa de entablar una gran batalla contra los almohades tras haber sufrido la derrota de la batalla de Alarcos en 1195. Con tal fin pidió apoyo al papa **Inocencio III** para lograr la participación del resto de los reinos cristianos de la península ibérica, por lo que se predicaría una **cruzada** por la cristiandad garantizando el perdón de los pecados a los que combatiesen en ella.

La batalla de Las Navas de Tolosa, llamada en la historiografía árabe «batalla de ***Al-Uqab***» y en la cristiana también «**batalla de Úbeda**», fue una decisiva batalla que enfrentó, el 16 de julio de 1212, a un ejército aliado cristiano formado en gran parte por las tropas castellanas de **Alfonso VIII de Castilla**, las aragonesas de **Pedro II de Aragón**, las navarras de **Sancho VII de Navarra** y las portuguesas de **Afonso II de Portugal**, contra el potente ejército almohade de Muhammad an-Nasir que los superaba en número en las inmediaciones de la localidad jienense de Santa Elena. Esta victoria por parte de las tropas cristianas inclinó definitivamente la balanza de la Reconquista.

Las crónicas y gran parte de la historiografía han considerado la batalla de las Navas de Tolosa como el punto decisivo de la Reconquista y el inicio de la decadencia de la presencia musulmana en la península ibérica. Pero habría que tener presente que, en la realidad histórica, las consecuencias militares y estratégicas fueron en verdad limitadas. De hecho, la conquista del valle del Guadalquivir no se iniciaría hasta pasadas unas tres décadas.

Sin embargo, no debemos desmerecer las consecuencias de dicha batalla, que supuso un formidable avance para la reconquista cristiana. Con esta batalla del 16 de julio de 1212 se iniciaría la caída de los almohades en al-Ándalus y se facilitaría la reconquista de Extremadura y del valle del Guadalquivir, por lo que los almohades acabarían quedando reducidos al Norte de África hasta la conquista de Marrakech por los ***mariníes*** en 1269.

SEVILLA TRAS LA CONQUISTA POR SAN FERNANDO EN 1248

Fernando III de Castilla y León, popularmente conocido por San Fernando, ha sido uno de los reyes más importantes para la ciudad de Sevilla, pero, ¿quién fue San Fernando?

Fernando III fue rey de Castilla y León en el siglo XIII. Fue hijo de **Alfonso IX** y **doña Berenguela**, y a su vez primo hermano del rey francés Luis IX, conocido también por todos como San Luis. Consiguió el mando sobre el reino de Castilla en 1217, por cesión de su madre doña Berenguela, que era la heredera directa del trono castellano, y heredó el gobierno de León en 1230, de manos de su padre Alfonso IX, tras la renuncia al trono de sus hermanastras Sancha y Dulce, hijas del primer matrimonio de su padre con Teresa Sánchez de Portugal, que eran las auténticas herederas, a cambio del pago anual de treinta mil maravedíes.

La herencia recibida supuso la terminante unión de estos dos reinos, aunque al principio hubo ciertos problemas derivados de las reticencias a aceptar a Fernando como legítimo rey.

El 30 de noviembre de 1219 contrajo matrimonio en Burgos con **Beatriz de Suabia**, nieta del emperador alemán **Federico I *Barbarroja***, por lo que quedó ligado de este modo el reino castellano con los principales representantes del partido gibelino —güelfos y gibelinos, italianización de dos apellidos de las familias alemanas que rivalizaban por el poder en el contexto germano del XII, es decir, en el contexto del Sacro Imperio Germano, y que pretendían devolver a Europa la antigua gloria imperial, intentando dominar la inestable Italia y haciéndose coronar como emperadores en Roma por el Papa.

Estatua ecuestre del rey San Fernando

Entre sus victorias cabe destacar la que obtuvo sobre los musulmanes en la famosa **batalla de las Navas de Tolosa** en 1212, lo que, junto a la debilidad del poder musulmán peninsular, desató un clima de euforia que llevaría pocos años después a relanzar las tareas de conquista de los territorios musulmanes.

Se inició así un período de numerosas batallas contra los musulmanes, seguidas de significativas victorias. Así, en 1236 se tomó la ciudad de **Córdoba**, conquista sumamente importante que traspasó la gloria puramente militar, ya que vino a significar un gran triunfo a nivel simbólico, puesto que había sido la antigua capital del califato. Además, la prosperidad económica en la que se encontraba el reino de Castilla va a permitir el lanzamiento de continuas campañas bélicas, seguidas de conquistas, como **Chillón**, **Almodóvar**, **Lucena**, **Aguilar**, **Écija**, **Osuna** y **Estepa**. En 1243 se tomó **Murcia** y en 1245 se conquistó **Jaén**.

¿Por qué fue y sigue siendo tan importante para la ciudad de Sevilla el rey Fernando III, conocido por todos como San Fernando?

Fernando III fue quien reconquistó —o conquistó, como algunos gustan en llamar en los últimos tiempos— la ciudad de Sevilla en 1248.

Hacia mediados del siglo XIII, la ciudad de Sevilla era gobernada por el caudillo almohade **Axataf**. Sevilla estuvo sometida a un asedio de dos años por las tropas del rey de Castilla y León, Fernando III, pero, finalmente, el **23 de noviembre de 1248** fue tomada la ciudad hispalense. La conquista de Sevilla fue crucial, pues, además de ser una auténtica joya musulmana, precisó por primera vez de un ataque náutico y de un verdadero despliegue de medios materiales y técnicos.

Desde el año 1248 el conquistador de Sevilla pasaría a ser el personaje más reverenciado y admirado por sus habitantes, especialmente desde el año 1671 en que fue canonizado con el nombre de **San Fernando** por el **papa Clemente X**, ya que fue considerado desde siempre un hombre sumamente piadoso y de fuertes convicciones católicas, además de haber ganado varias ciudades para la causa cristiana.

Tan señalada sigue siendo en la actualidad su importancia que incluso figura en el **escudo** de la ciudad de Sevilla. Además, los regidores municipales le rinden pleitesía cada año yendo vestidos de gala y postrándose ante su sepulcro tras una procesión a pie desde el Ayuntamiento. Fernando III se encuentra enterrado en la Capilla Real de la catedral de Sevilla, conservándose su cuerpo incorrupto.

¿Sabías que en 1671 con motivo de la canonización de Fernando III se erigió un *Triunfo* en la catedral de Sevilla?

En 1671 se realizó en el interior de la catedral hispalense un «Triunfo» —construcción de arquitectura efímera— con motivo de la canonización de Fernando III de Castilla. En esta obra artística efímera participaron **Valdés Leal** en el diseño y pintura y **Pedro Roldán** en la escultura, además del gran retablista **Bernardo Simón de Pineda**.

En un grabado de Valdés Leal se muestra este «Triunfo», apareciendo en la parte inferior del grabado el propio Valdés Leal y Bernardo Simón de Pineda enseñando a los comitentes del Cabildo catedralicio los planos del Triunfo que se iba a erigir, así como la planta del mismo.

¿Sabías que la urna de San Fernando se abre cuatro veces al año?

El cuerpo incorrupto de San Fernando se halla enterrado en la **Capilla Real de la catedral de Sevilla**, concretamente dentro de una espectacular **urna de plata** que fue labrada por **Laureano de Pina**, que se abre cuatro veces en el año.

La primera es el 14 de mayo, en conmemoración del traslado definitivo del cuerpo a esta ubicación.

La segunda, el día 30 de mayo, coincidiendo con la festividad de San Fernando.

La tercera, el 23 de noviembre, día de san Clemente, fecha en la que el rey santo entró victorioso en la ciudad de Sevilla tras la reconquista.

Y, la cuarta, el 22 de agosto, una jornada más íntima en la que la Virgen de los Reyes ya se encuentra nuevamente presidiendo la Capilla Real tras el segundo besamanos.

¿Cómo se produjo la conquista de la ciudad de Sevilla?

Siendo la ciudad de Sevilla gobernada por el caudillo almohade Axataf, fue sometida a un asedio de dos años por las tropas del rey de Castilla y León, Fernando III. Los habitantes de la ciudad hispalense pudieron resistir dicho asedio porque el río estaba defendido por gruesas cadenas que se extendían de una orilla a otra para frenar el paso de los barcos adversarios. Gracias al puente de Barcas almohade del siglo XII, podían llegar a la ciudad alimentos de procedencia agrícola y ganadera desde la zona del Aljarafe.

Sin embargo, el 3 de mayo de 1248, la armada cristiana, al mando del almirante **Ramón Bonifaz**, consiguió destruir esas cadenas y el puente de Barcas, dejando de este modo desprotegida la ciudad de Sevilla por su punto más débil. Esto agravaría la situación del asedio, puesto que el hambre haría mella en la población, al haberse cortado todas las entradas a la ciudad, ya sean por tierra o por agua. Y, como consecuencia, el caudillo almohade Axataf y su círculo más estrecho empezarían a plantearse una capitulación mediante la cual los cristianos permitieran a Sevilla seguir siendo musulmana a cambio de pagar considerables sumas de dinero como tributo, aunque ello conllevara someterse a vasallaje. Pero, en las diversas entrevistas entre ambos bandos, Fernando III se mostró siempre dispuesto a llevar su campaña hasta el final y rechazó todas las propuestas. Y, finalmente, tras arduas negociaciones, se acabó firmando la capitulación final que exigía la entrega de toda la ciudad y permitía la evacuación de sus habitantes, para lo que tenían un mes de plazo y donde podían llevarse sus enseres y mobiliario.

El Alcázar fue ocupado el 23 de noviembre de 1248 y las llaves del recinto amurallado fueron entregadas a Fernando III. Cuando los habitantes musulmanes abandonaron la ciudad, las tropas cristianas se fueron instalando en los distintos barrios sevillanos y las mezquitas se transformaron en iglesias, comenzándose a celebrar las primeras misas.

Estatua del almirante Ramón Bonifaz

¿Dónde se encuentran según la tradición popular las antiguas cadenas que antaño protegieron a Sevilla y que quebró Ramón Bonifaz?

En una iglesia de Laredo (Cantabria) hay colgadas en las paredes unas cadenas que, allí dicen, fueron las que siglos atrás protegían a Sevilla y quebró Bonifaz para conseguir así tomar por el río Guadalquivir la ciudad de Sevilla que llevaba siendo asediada ya dos años por las tropas cristianas.

¿Conoces la leyenda de la Virgen de la Antigua de la catedral de Sevilla?

Según la leyenda, antes de la conquista de la ciudad de Sevilla por los cristianos —proceso que se le conoce como ***La Reconquista***—, un ángel condujo al rey Fernando III de Castilla y León —conocido desde su canonización en el siglo XVII como San Fernando— al interior de la mezquita principal de la ciudad o mezquita aljama, donde detrás de un muro que se hizo transparente, pudo contemplar la imagen de la Virgen de la Antigua que permanecía allí oculta desde hacía siglos. Cuentan que pocos días después de aquel milagroso suceso, se rindieron las fuerzas musulmanas y el rey Fernando III entró triunfante en la ciudad el 22 de diciembre de 1248.

¿Sabías que hubo una talla mariana que perteneció a Fernando III *El Santo* conocida como la Virgen de las Batallas y que según la leyenda le protegía en las batallas que libró contra los musulmanes?

La Virgen de las Batallas es una advocación mariana que representa a la virgen sentada en el trono con el niño Jesús en sus brazos en actitud de bendecir. Se alude con ello a María como sede de la Sabiduría.

Existen seis representaciones de esta virgen. Una de ellas se encuentra en el Museo Metropolitano de Nueva York y las otras cinco en España. Una de estas cinco se encuentra en el Museo de Burgos y otra de estas tallas marianas con la advocación de La Virgen de las Batallas está realizada en marfil y se expone en el interior de la catedral de Sevilla, que es la que nos ocupa.

En el siglo XIII, en el período histórico español que se conoce según la historiografía tradicional como la Reconquista, se hizo una imagen devocional por encargo de un rey francés. La encargó para regalársela a su querido primo que también era rey. Este rey de Francia no es otro que **Luis IX**, más conocido como **San Luis**, pues acabaría siendo canonizado, al igual que su primo, a quien iba destinado dicho regalo.

Así, la Virgen de las Batallas de la catedral de Sevilla perteneció a **Fernando III de Castilla**, conocido por todos como **San Fernando** o **Fernando *el Santo***.

Cuenta la leyenda que esta imagen le protegía en las batallas que libró contra los musulmanes. Incluso que, gracias a la intercesión de ella, el monarca logró vencer en numerosos lances y enfrentamientos, saliendo siempre indemne.

La talla pasaría luego a manos de su hijo **Alfonso X *El Sabio*** y este la donaría a la catedral hispalense. Desde entonces ha permanecido en dicho templo. Y, actualmente, se conserva y se expone en la Sacristía Mayor.

A veces, se le ha denominado también como **la Virgen del Arzón**, porque, según la leyenda, Fernando III la llevaba en el arzón de la silla de montar en sus batallas.

¿Durante cuánto tiempo fue musulmana Sevilla?

Sevilla fue musulmana durante más de cinco siglos, concretamente entre el año 711 y el 1248.

¿Durante cuánto tiempo sería musulmana la torre conocida como la *Giralda*?

La torre conocida en todo el mundo como *Giralda* sería musulmana durante 72 años, concretamente desde el año 1176 en el que se termina y el año 1248, cuando Fernando III de Castilla, conocido como San Fernando, conquistaría la ciudad de Sevilla, puesto que los almohades, a quienes debemos la construcción de este antiguo alminar de la mezquita aljama de Sevilla, gobernarían Sevilla hasta el 1248.

La Giralda

SEVILLA DURANTE LOS REINADOS DE ALFONSO X Y DE SANCHO IV

Tras la conquista de Sevilla en la festividad de San Clemente —el 23 de noviembre—, la ciudad pasaría de ser musulmana a cristiana. Dicho cambio necesitó de la creación de nuevas estructuras administrativas y económicas para poder afrontar el gobierno de un lugar tan próspero como era el entonces reino de Sevilla. Los antiguos habitantes musulmanes emigraron en su mayor parte, dejando tras de sí sus tierras, casas y otras pertenencias, siendo la mayoría de ellas repartidas entre los soldados del ejército cristiano que habían tomado parte en la conquista de Sevilla. Este reparto se hizo mediante donación real, primero por Fernando III y luego por su hijo y sucesor Alfonso X. En tal distribución fueron muy favorecidas tanto la nobleza castellana y leonesa como la Iglesia Católica.

Alfonso X había nacido en Toledo en 1221, contrajo matrimonio con **Violante de Aragón**, hija de Jaime I ***el Conquistador***, y heredó el trono a la muerte de su padre el día 30 de mayo de 1252. Conocido con el sobrenombre de «El Sabio», estuvo fuertemente vinculado a la ciudad de Sevilla, donde terminaría falleciendo el 4 de abril de 1284, reposando sus restos en la Capilla Real de la catedral.

Alfonso X siguió a la muerte de su padre la ofensiva contra los musulmanes, destacando entre sus conquistas, las ocupaciones de **Jerez** y **Cádiz**.

Sevilla debe al rey Alfonso X *el Sabio* la construcción de sus famosas atarazanas reales. ¿Sabías que las Reales Atarazanas fueron una de las mayores instalaciones industriales que existió en la Baja Edad Media en Europa?

Sevilla debe al rey Alfonso X ***el Sabio*** innumerables honores y privilegios, como por ejemplo la edificación de las Atarazanas, cuyas naves fueron construidas como astilleros para la fabrica-

Iglesia de Santa Ana de Triana

ción de galeras, algo en lo que ya su padre había pensado previamente pero que no pudo llevar a cabo al sobrevenirle la muerte.

El lugar escogido fue un terreno que se hallaba fuera del recinto amurallado y muy cerca del Guadalquivir, en la zona comprendida entre la *Torre del Oro*, la *Torre de la Plata*, la ***puerta del Carbón*** y el ***postigo del Aceite***. La elección se debía a que en esta zona la diferencia de cota con el río apenas llegaba al metro, lo que permitía cómodamente la entrada y salida de los barcos, condición imprescindible en estas instalaciones.

Las Atarazanas también incluían la denominada Resolana del Río, una extensa explanada de arena que llegaba hasta la orilla del Guadalquivir.

Constituyó una de las mayores instalaciones industriales que hubo en toda Europa durante la Baja Edad Media, de extensión equiparable a la que tenía por entonces el Arsenal de Venecia.

De este modo, se levantaron diecisiete naves de fábrica de ladrillo en sentido perpendicular al Guadalquivir en el barrio de El Arenal, concretamente delante de la cerca almohade de la ciudad. Sin embargo, actualmente solo quedan en pie siete de las diecisiete naves originales, debido a transformaciones importantes que ha sufrido a lo largo de su historia.

Las Atarazanas fueron construidas enteramente en fábrica de ladrillo, y mezclándose en su arquitectura tanto el gótico como el mudéjar, mostrando el importante influjo del arte almohade en las construcciones medievales sevillanas. Asombran sus extensas proporciones, con anchas y largas naves adosadas y cubiertas por bóvedas de arista, apropiadas, sin duda alguna, para la construcción de los mayores barcos de la época.

¿Sabías que la judería de Sevilla llegó a convertirse en la segunda judería más importante después de la de Toledo? ¿Sabías que fue el rey Alfonso X quien concedió al pueblo judío tres mezquitas para que las convirtieran en sinagogas?

Tras ser tomada Sevilla por Fernando III en el año 1248, los judíos empezaron a poblar en abundancia la ciudad hispalense, hasta el punto de llegar a convertirse en la segunda judería más importante y extensa después de la judería de Toledo.

Su hijo, el rey Alfonso X ***El Sabio***, queriendo congraciarse con el pueblo judío, le concedió tres mezquitas para que las convirtieran en sinagogas, lugares que posteriormente fueron transformados en iglesias. Las mezquitas regaladas a los judíos por Alfonso X se encontraban donde hoy se hallan las actuales iglesias de Santa María la Blanca y la de San Bartolomé, y la actual plaza de Santa Cruz. En este último caso, sobre el espacio abierto que actualmente conforma la plaza, se alzó antaño la iglesia mudéjar de Santa Cruz que sería derribada en 1810 por el gobierno de ocupación francés del momento, siguiendo un plan de reurbanización de la ciudad.

¿Sabías que la iglesia de Santa Ana de Triana fue la primera iglesia de Sevilla construida extramuros? ¿Tenías constancia de que la construcción de esta iglesia se debió al deseo del rey Alfonso X de agradecer la curación milagrosa de una enfermedad ocular que padecía? ¿Por qué motivo se le denomina a esta iglesia la «catedral de Triana»? ¿Sabías que la iglesia de Santa Ana es la iglesia más antigua de Sevilla?

La iglesia de Santa Ana de Triana fue la primera iglesia de Sevilla construida extramuros, de ahí el aspecto de fortaleza que ofrece con esos fuertes contrafuertes y esos remates almenados. Se trata de una iglesia parroquial de estilo **gótico-mudéjar**, cuya construcción se inició a finales del siglo XIII por orden del rey Alfonso X. Su origen se debe, según reza la inscripción de uno de sus muros, a la curación milagrosa del rey de una enfermedad que padecía en los ojos, mediante la intervención milagrosa de Santa Ana.

La construcción debió quedar terminada a principio del siglo XIV, pero, a finales de este mismo siglo, se reedificó el templo, probablemente deteriorado por los daños producidos por el terremoto de 1355. Se realizaron añadidos a lo largo de los siglos XV —capilla del capitán Monte Bernardo—, XVI —capilla Sacramental— y XVII —capilla Bautismal y cubierta de bóveda semiesférica de la capilla Sacramental.

No obstante, el edificio sufrió serios daños a consecuencia del terremoto de Lisboa de 1755, por lo que fue remodelado por el arquitecto **Pedro de Silva**, además de modificarse sensiblemente en estos momentos las imágenes de las portadas y la cabecera.

A la iglesia de Santa Ana se le denomina la ***catedral de Triana*** porque antaño todas las hermandades de Triana hacían estación de penitencia en dicha iglesia, antes de comenzar a hacerla en la catedral hispalense.

Tiene la particularidad de ser la iglesia más antigua de Sevilla.

Iglesia de Santa Ana de Triana

¿Sabes por qué aparece tanto en Sevilla el símbolo NO&DO?

El símbolo NO&DO está presente actualmente en innumerables lugares de Sevilla. Lo puedes encontrar en alcantarillas, taxis, vallas publicitarias, autobuses urbanos...

Pues bien, dicho símbolo posee ya casi trece siglos de existencia y se remonta a la época del rey Alfonso X *el Sabio*.

Alfonso X, fue un rey sumamente culto y poseía buenas virtudes, pero había arruinado al pueblo. Por ello, su propio hijo, el príncipe **Sancho**, que era heredero del trono, se alzó en armas, junto a su madre Violante, para restablecer la ley y el orden.

Es cierto que Sancho no quiso enfrentarse a su padre militarmente, sino que se limitó a atraer a los partidarios a su bando sin apenas usar la fuerza. La mayoría creyó ver en Sancho la posibilidad de alcanzar una mayor prosperidad, por lo que fue reconocido como rey en todas las ciudades menos en Sevilla, donde su padre, el rey Alfonso X se había refugiado.

Don Sancho permitió que la ciudad de Sevilla siguiera siendo fiel a Don Alfonso hasta sus últimos días. De hecho, Sevilla le hizo saber al rey que estaría con él sirviéndole hasta la muerte, y, Don Alfonso, como sincera muestra de gratitud a Sevilla, concedió que en el escudo de la ciudad pusiera el lema o jeroglífico con las sílabas NO y DO, y entre ellas una madeja. Su lectura es: NO-MADEJA-DO, que es la expresión fonética sevillana con que se pronuncia la frase NO ME HA DEJADO, es decir, Sevilla no me ha abandonado.

Símbolo NO&DO

Símbolo NO&DO

Símbolo NO&DO

Símbolo NO&DO

¿Sabías que el deseo del rey Alfonso X *el Sabio* según su testamento fue que el reino de Sevilla fuese gobernado por su hijo el infante don Juan? ¿Sabías que Sancho IV desbancó a su hermano Juan del trono sevillano y sometió a Sevilla a su corona?

Cuando Alfonso X murió se produjo una fuerte inestabilidad política en todos sus antiguos dominios, puesto que en su testamento había nombrado a un nieto suyo heredero del trono de Castilla, convirtiendo a varios de sus hijos en simples reyes feudatarios, como ocurrió con **el infante don Juan**, quien heredó **el reino de Sevilla**. Sin embargo, tales deseos testamentarios fueron totalmente rechazados por el pueblo, la nobleza castellana y, sobre todo, por su hijo **el infante don Sancho**, quien previamente ya se había alzado en armas contra su padre. Finalmente, Sancho consiguió deshacer dicho testamento y convertirse en rey único, desbancando con ello del trono sevillano a su hermano Juan y sometiendo la ciudad de Sevilla a su corona.

¿Conoces la historia amorosa de Sancho IV que inspiró a Lope de Vega para escribir su obra titulada *La Estrella de Sevilla*?

Sancho IV se ganó el sobrenombre de ***El Bravo*** a causa de su fuerte carácter. Estaba casado con **María de Molina**, a quien siempre quiso y defendió como su legítima esposa, pues no consiguió en vida que el papado reconociera de forma oficial el matrimonio al ser ambos parientes cercanos, circunstancia muy problemática por aquel entonces para cualquier rey de un país católico puesto que, como tal, debía sumisión al Papa.

A pesar de estar casado con María de Molina y amarla, eso no le impidió a Sancho IV protagonizar un suceso amoroso en Sevilla que acabó traspasando las fronteras de la historia para adentrarse en la leyenda.

En Sevilla vivían dos hermanos, varón y hembra, llamados **Bustos** y **Estrella Valera**, que pertenecían a una de las más ilustres y adineradas familias de toda la ciudad de Sevilla, quienes vivían en un palacio situado en la esquina que actualmente forman las calles Bustos Tavera y Doña María Coronel.

Estrella era muy hermosa y tenía relaciones amorosas con un joven de la influyente familia de los **Roelas**, con quien iba a desposarse. Pero el rey Sancho IV se enamoró perdidamente de la joven y, con la intención de conseguirla, sobornó a una esclava de la muchacha y así pudo entrar en el palacio. Sin embargo, no pudo lograr sus fines lascivos puesto que **Bustos Tavera**, el hermano de Estrella, logró expulsarlo del edificio mediante una gran paliza, con lo que el rey se vio obligado a huir y refugiarse en el Alcázar.

A la mañana siguiente, herido gravemente en su orgullo, el rey Sancho hizo llamar a su presencia al prometido de Estrella Tavera y le ordenó mediante un papel escrito que asesinase al que habría de ser su futuro cuñado. El joven Roelas acabó ejecutando la orden real y, muy a su pesar, asesinó a su amigo y futuro cuñado Bustos Tavera. Cuando acudió ante el rey Sancho IV, este lo encarceló para, de este modo, tener vía libre con la hermosa Estrella y poder conseguirla cómodamente, al haber sido encarcelado su prometido y asesinado su hermano.

No obstante, la joven Estrella se negó a entregarse al rey y escogió ingresar en un convento para consagrarse a Cristo, acontecimiento que hizo reflexionar y arrepentirse a Sancho IV. El rey ordenó liberar al joven Roelas, quien partiría de Sevilla para enfrentarse contra los musulmanes, donde finalmente hallaría su muerte.

A día de hoy, la ciudad de Sevilla recuerda la injusta muerte del joven Bustos Tavera, pues tiene dedicada una calle en el lugar donde vivió junto a su hermosa pero desdichada hermana.

Esta historia traspasó el tiempo y sirvió de inspiración al famoso **Lope de Vega**, quien acabaría escribiendo una obra titulada *La Estrella de Sevilla*.

¿Cómo vivían los sevillanos durante el reinado de Sancho IV? ¿Sabías que bajo este reinado vivió un matrimonio que daría lugar a la poderosa familia de los Guzmanes que ejercerían durante siglos una gran influencia en el gobierno de Sevilla y de Andalucía? ¿Tenías constancia de que algunos famosos castillos medievales de las zonas fronterizas fueron construidos bajo el reinado de Sancho IV?

El reinado de Sancho IV estuvo marcado por luchas fratricidas entre los partidarios de Sancho y quienes eran hostiles a él por no haber honrado y acatado el testamento de su padre.

En este momento, Sevilla tenía una gran influencia, ya que la corte del rey Sancho se hallaba en el alcázar sevillano y desde la ciudad hispalense salían **expediciones militares** con la misión de solucionar problemas políticos, como las enviadas a Jerez de la Frontera, Badajoz o

Tarifa, teniendo en esta última un importante papel **Alonso Pérez de Guzmán**. Este caballero mandaba la expedición que fue a Tarifa, a partir de la cual sería conocido como Guzmán ***el Bueno***, tras haber arrojado un puñal a los musulmanes que le desafiaron con asesinar a su hijo si no les otorgaba la plaza de Tarifa.

Sin embargo, tales expediciones significaron que Sevilla se viera privada de sus regidores y jurados, por lo cual algunos de sus habitantes quisieron beneficiarse de la ausencia de autoridades y ajustaron cuentas con unos genoveses que se dedicaban al comercio y al préstamo, saqueando sus casas y resultando muertos algunos.

Aquella revuelta hizo que los genoveses amenazaran con pedir el auxilio de la entonces poderosa república de Génova, que era su patria, si no eran recompensados por los daños que habían sufrido. Ante tal amenaza, el alguacil mayor de la ciudad obligó al pueblo sevillano a pagar un impuesto para resarcirlos.

Respecto al avituallamiento, hay que decir que el ejército tenía preferencia sobre el resto de la población, siendo de destacar la dehesa de Tablada, donde había pastos de ganado que otorgaron copiosos ingresos al Ayuntamiento.

Don Alonso Pérez de Guzmán *el Bueno* y su esposa, **doña María Alonso Coronel**, fundaron **el monasterio de San Isidoro del Campo en Santiponce** sobre el lugar que según la tradición habían estado depositados los restos de san Isidoro y donde habría fundado antaño un colegio. Este matrimonio dio lugar a la poderosa familia de **los Guzmanes**, que durante siglos ocupó una destacada posición e influjo en el gobierno tanto de Andalucía como de la ciudad de Sevilla.

En esta época, un consejo, cuyas reuniones eran llevadas a cabo en las gradas de la catedral, se encargaba de regir la ciudad de Sevilla, y los alcaldes mayores se ocupaban de administrar la justicia. Fue precisamente a petición del consejo de Sevilla, por lo que **Sancho IV** otorgó varios privilegios, siendo de destacar sobremanera la construcción de **castillos** para la defensa de las zonas fronterizas —**Cumbres Mayores**, **Aroche**, **Santa Olaya de Cala**, **Lebrija**, **Cortegana**, **Villanueva del Camino** y **Frenegal de la Sierra**.

SEVILLA DURANTE EL SIGLO XIV Y BUENA PARTE DEL SIGLO XV

Durante el siglo XIV, tuvieron lugar los reinados de **Fernando IV**, sevillano de nacimiento, y de su hijo **Alfonso XI**. Fundamental y muy famoso fue el reinado del rey Pedro I ***el Justiciero*** —conocido por otros como Pedro I ***el Cruel***—. Y, finalmente, habría que señalar el reinado de cinco reyes de la dinastía de los Trastámara: Enrique II ***el de las Mercedes*** (1369-1379), que era hermanastro de Pedro I ***el Justiciero***; Juan I (1358-1390), Enrique III ***el Doliente*** (1379-1406), Juan II (1406-1454) y Enrique IV ***el Impotente*** (1454-1474).

SEVILLA DURANTE LOS REINADOS DE FERNANDO IV Y DE ALFONSO XI

¿Eres consciente del importantísimo papel que jugó Sevilla durante los reinados de Fernando IV y de Alfonso XI?

Durante el siglo XIV y, más concretamente, durante los reinados de **Fernando IV** y de **Alfonso XI**, Sevilla, por encontrarse al sur de la península ibérica, además de ser una gran ciudad, jugó un papel crucial tanto en la política interna castellana como en la defensa militar contra los musulmanes, quienes habían sido expulsados de la mayor parte del territorio andaluz unos años antes y pretendían recobrarla a cualquier precio.

¿Sabías que Sevilla siempre fue admirada por los espectaculares recibimientos que ofrecía a los reyes siempre que estos visitaban la ciudad y por las fiestas que daban en su honor? ¿Sabías que incluso llegó a recibir privilegios reales como consecuencia de esas majestuosas acogidas?

Económicamente, Sevilla tuvo que soportar durante varios años la carga de la compensación económica que el Consejo de Sevilla dispuso pagar a los **genoveses** por los daños de los que fueron víctimas en un motín contra ellos. Además, habría que señalar un terrible suceso ocurrido en 1302, pues coincidió una horrible **arriada** con un espeluznante **terremoto**, convirtiendo las calles y plazas hispalenses en lodazales y falleciendo muchas personas a causa del hambre o la peste.

Sin embargo, en la primavera de 1303, tan solo un año después del desgraciado incidente y estando aún Sevilla resentida económicamente por la deuda hacia los genoveses, no dudaron en festejar el regreso de **Fernando IV** a su ciudad natal por medio de espectaculares arquitecturas efímeras, como arcos de triunfo, juegos caballerescos y ceremonias religiosas e incluso luminarias.

De hecho, tal boato a la hora de honrar las visitas de los reyes a la ciudad de Sevilla se repite de forma insistente a lo largo de la historia de la ciudad, provocando la admiración de todos aquellos que tenían la suerte de presenciar tales hechos. Y es que hay que destacar que la ciudad de Sevilla jamás encontró en la falta de dinero un obstáculo para agasajar a los reyes con espectaculares recibimientos o con numerosas y desmedidas fiestas en su honor. Sin olvidar que Sevilla, llegado el caso, honró siempre la memoria de un rey cuando este fallecía, como fue el caso del túmulo erigido con motivo de la muerte de Felipe II, algo que sería fuertemente criticado por el propio **Miguel de Cervantes** en su soneto dedicado a Felipe II.

A veces, Sevilla incluso llegó a gozar de ciertos **privilegios reales** como consecuencia de dichos **majestuosos y opulentos recibimientos**, contribuyendo en ocasiones tales privilegios al aumento de las rentas. Uno de esos privilegios fue la prohibición de la entrada a la ciudad de vino originario de Portugal, con lo que se consiguió que los vinos sevillanos quedaran protegidos, adquiriendo desde entonces el gremio de los vinateros una insólita importancia y convirtiéndose el cultivo de la vid en una de las mayores fuentes de riqueza. —Los lugares donde tuvieron los vinateros sus tiendas acabarían dando nombre a las calles del Vino y la Vinatería.

¿Sabías que durante los reinados de Fernando IV y de Alfonso XI tuvo lugar en Sevilla una expansión urbanística que llevó a construir fuera de las murallas? ¿A qué se debió este crecimiento urbanístico? ¿Tenías constancia de que en estos momentos se creó la primera Casa de la Moneda? ¿Dónde estuvo ubicada?

En esta época se comienza a construir fuera de las murallas de la ciudad de Sevilla, formando arrabales extramuros que en ocasiones tuvieron como núcleo central la edificación de un monasterio, tal y como sucedió en la zona de la puerta de Carmona con los conventos de San Agustín y de San Benito. Pero tal expansión urbanística no se debió solo a la creación de nuevos conventos o monasterios, sino también al desarrollo industrial, como fue el caso del barrio del Arenal, donde, al ser una zona portuaria, se crearon diversos talleres de cestería, carretería o tonelería. Y algunos de los profesionales de tales industrias acabarían fundando con el paso del tiempo hermandades de penitencia que siguen existiendo en la actualidad.

Además, hay que destacar la construcción del hospital de la Virgen del Pilar, que fue erigido cerca del alcázar, y de la primera Casa de la Moneda, que estuvo ubicada antaño en el lugar donde actualmente se encuentra el Archivo de Indias, sin dejar de olvidar ciertas mejoras urbanísticas, como la limpieza de la Vega de Triana.

¿Tenías constancia de que durante los reinados de Fernando IV y de Alfonso XI se crearon en Sevilla poderosas familias que tendrían gran influencia no solo en ese momento sino siglos después?

Durante los reinados de Fernando IV y de Alfonso XI se crearon en Sevilla poderosas e influyentes familias que marcarían la historia de Sevilla no solo en ese momento sino en siglos posteriores. Muchas de ellas aumentarían su poder político y económico gracias a la concesión de privilegios reales, tal y como sucedió con la familia de los Guzmanes, fruto de la unión matrimonial de Alonso Pérez de Guzmán *el Bueno* y su esposa doña María Alonso Coronel. Acabaron haciéndose con el control de las tierras localizadas entre las desembocaduras de los ríos Guadalete y Guadalquivir, con las villas del Puerto de Santa María, Rota, Chipiona y Sanlúcar de Barrameda, además de las almadrabas de la costa gaditana.

¿Conoces la historia de amor entre el rey Alfonso XI y Leonor Núñez de Guzmán Ponce de León?

El rey **Alfonso XI** conoció en Sevilla a **Leonor Núñez de Guzmán Ponce de León** y se enamoró perdidamente de ella. Ambos se convirtieron en amantes, provocando un gran escándalo, puesto que Alfonso XI había cometido con ello adulterio. Alfonso XI estaba casado con **María de Portugal**, madre del futuro y legítimo rey que sería conocido como Pedro I ***el Justiciero*** o Pedro I ***el Cruel***. María de Portugal, a causa de su condición de reina legítima pasaba extensos periodos de tiempo en el alcázar sevillano, sin que ello fuese obstáculo de la adúltera relación.

Como consecuencia, María, sintiéndose humillada y ultrajada en diversas ocasiones, tanto por su condición de mujer como en su dignidad de reina, terminó abandonando el alcázar y refugiándose en el convento de San Clemente. Esto llevó a que su padre, el rey de Portugal, provocase una guerra. Sin embargo, Alfonso XI salió victorioso y continuó aún con mayor entusiasmo su relación adúltera con Leonor Núñez de Guzmán Ponce de León, dando lugar al alumbramiento de diez hijos ilegítimos, entre los que nacería el que llegaría a ser rey de Castilla y León: **Enrique de Trastámara**.

¿Qué consecuencias tuvo para Sevilla la victoria de la batalla del Salado?

Sin duda alguna, el hecho más importante del reinado de Alfonso XI fue su victoria contra las tropas musulmanas en la famosa batalla del Salado que ocurrió en 1340. Y este acontecimiento trajo grandes beneficios no solo a la Corona, sino también a muchos caballeros de la nobleza hispalense, pues el rey entró triunfante en Sevilla por la puerta de Carmona, entre un fuerte clamor popular, trayendo un extenso botín en oro y plata.

SEVILLA DURANTE EL REINADO DEL REY PEDRO I, *EL JUSTICIERO*, CONOCIDO POR OTROS COMO PEDRO I *EL CRUEL*

El rey Pedro I, llamado por unos *el Cruel* y por otros *el Justiciero*, es uno de los personajes históricos más legendarios relacionados con la ciudad de Sevilla. Pero, ¿quién fue Pedro I? ¿Conoces la famosa frase que pronunció su asesino mientras le arrancaba la vida?

Pedro I, era hijo de Alfonso XI y María de Portugal. Nació en el 1334. Estuvo casado con Blanca de Borbón, pero, a los pocos días de contraer matrimonio, la repudió y la desterró para poder casarse con **María de Padilla**. El gran amor de Pedro I fue María de Padilla, lo que no impidió que la traicionase en diversas ocasiones.

Tuvo un difícil reinado, donde siempre demostró su inmenso amor al pueblo llano, a quien quiso acercarse, en detrimento de la nobleza, por lo que se ganó muchísimos enemigos, entre los que hay que destacar a sus hermanos bastardos que deseaban destronarle. Los hermanos bastardos de Pedro I eran los hijos ilegítimos que su padre Alfonso XI tuvo con Leonor de Guzmán. Los sobrevivientes de tal descendencia fueron **Fadrique** y **Enrique**, que eran gemelos, y llegaron a ser dos personajes muy importantes y curiosamente ligados a la historia de Sevilla; **Tello**, señor de Aguilar; **Sancho**, conde de Alburquerque; **Juan**, señor de Jerez y Badajoz; **Pedro** y una hermana llamada **Juana**.

Pedro I murió en el 1369 con tan solo 35 años de edad en los **campos de Montiel** (Ciudad Real) a manos de un caballero francés que estaba al servicio de su hermano bastardo Enrique de Trastámara, siendo especialmente famosa la frase que dicho caballero, de nombre **Bertrand du Guesclin**, pronunció al asesinarlo: ***Ni quito ni pongo rey, pero ayudo a mi señor.***

¿Qué importancia tuvo Pedro I para la ciudad hispalense? ¿Sabías que gracias a Pedro I se construyó en Sevilla el primer hospital geriátrico de Europa?

Habría que destacar el gran amor que profesó siempre Pedro I a la ciudad de Sevilla, con la que se volcó durante su reinado llegando a transformarla por completo, puesto que halló una ciudad árabe arruinada como consecuencia de las inundaciones y terremotos de la que había sido víctima. De hecho, algunos autores lo consideran el mejor alcalde que ha tenido Sevilla.

Pedro I fundó establecimientos benéficos con el objetivo de amparar a jóvenes prostitutas y muchachas de mala vida. Pero de todas estas fundaciones cabría ensalzar la construcción del famoso **hospital de Viejos**, ubicado entre las calles Amparo y Viejos, que tuvo la importancia de haber sido en su momento **el primer hospital geriátrico de Europa**.

También reconstruyó buena parte del alcázar musulmán, al que acabó convirtiendo en su usual residencia, motivo por el cual podemos contemplar a día de hoy hermosas construcciones y añadidos de la época de Pedro I, combinándose así el arte musulmán con el arte cristiano. Un ejemplo magnífico lo tenemos en el palacio mudéjar de Pedro I, conocido como el ***Palacio del rey don Pedro***, construido por iniciativa del rey Pedro I entre 1356 y 1366, para que sirviera de edificio privado al monarca, alejándose así del carácter más ceremonioso del palacio gótico que un siglo antes mandó levantar Alfonso X ***el Sabio***. En su construcción colaboraron artesanos tanto de la propia Sevilla como de las ciudades de Toledo y Granada, aunque habría que tener presente que fue transformado posteriormente en época de los Reyes Católicos y de los primeros Austrias. Según las investigaciones arqueológicas, el palacio del rey Pedro constituyó un proyecto de nueva planta que se elevó en un lugar donde existían construcciones anteriores.

¿Qué importantes iglesias mudéjares fueron construidas en Sevilla por orden del rey Pedro I?

Pedro I se encontró que las iglesias eran en verdad antiguas mezquitas cuyos muros estaban destruidos, por lo que ordenó el derribo de esas mezquitas y la construcción sobre los solares de nuevas iglesias, siendo de valorar que decidiese mantener sus torres. Así surgieron los actuales templos de **San Lorenzo**, **Santa Marina**, **San Vicente**, **San Marcos** y ***Omnium Santorum***.

Iglesia de Santa Marina

Iglesia de San Marcos

Torre de la iglesia de San Marcos

Seguramente te sonará la leyenda hispalense del Candilejo y la Cabeza del rey don Pedro, pero, ¿en qué consistió tal leyenda y a qué se debe tal nombre?

La leyenda se localiza en las proximidades de la plaza de la Alfalfa y tiene como principal protagonista al rey Pedro I, quien quiso vengarse de un poderoso caballero que pertenecía a la importante familia de los Guzmanes porque este siempre iba hablando mal del rey. De este modo, Pedro I aprovechó la oscuridad de una noche para darle muerte en un callejón. Sin embargo, habría un testigo del crimen, pues una anciana que vivía allí pudo contemplar el asesinato mientras estaba asomada a una ventana de su vivienda y era alumbrada con un candil, el cual, para desdicha de don Pedro, se le cayó de las manos y fue a parar junto al cadáver. Esta mujer tenía un hijo de oficio carbonero a quien contó lo sucedido y le hizo partícipe de su miedo a que la justicia pudiera acusarla a ella de tal muerte al hallar su candil junto al cadáver.

Al día siguiente, Sevilla entera se había hecho eco de tal noticia y el rey don Pedro, en un intento de calmar la sed de venganza de la familia del difunto, hizo un comunicado informando que la persona que denunciara ante el mismísimo rey quien había sido el asesino del hijo del conde de Niebla recibiría como recompensa cien doblas de oro. Asimismo, proclamó que, de encontrarse finalmente al culpable, sería decapitado y su cabeza acabaría expuesta en un nicho ubicado en el emplazamiento exacto donde había cometido homicidio.

Cuando el carbonero se enteró de la proclama, se lo contó inmediatamente a su anciana madre y, con la esperanza de poder salir de la pobreza en la que se encontraban, el carbonero se dirigió al Alcázar para ver al rey. Sin embargo, cuando fue recibido por Pedro I y sus sirvientes, el carbonero dijo que conocía el nombre del asesino del **hijo del conde de Niebla**, pero rogó quedarse a solas con el rey para que solo él supiese la identidad del criminal, alegando que este era una persona muy ilustre y de muy alto abolengo.

De este modo, quedaron los dos solos en una estancia del Alcázar donde curiosamente había un espejo, ubicado en una pared, donde se reflejaba la figura del rey. Pedro I, guiado por su curiosidad hacia lo que tendría que decirle aquel hombre, le ordenó que dijera el nombre de la persona a quien atribuía el crimen, y el carbonero le dijo que su anciana madre había sido testigo de los hechos y que había visto al homicida en el lugar conocido como los ***Cuatro Cantillos*** y que dicho homicida se encontraba reflejado en ese mismo instante en aquel espejo de la estancia. Por lo tanto, Pedro I, viéndose descubierto, le prohibió que se lo contara a ninguna otra persona y ordenó a su mayordomo que le hiciera entrega del dinero que en la proclama había ofrecido dar como recompensa.

Por otro lugar, el rey proclamó a la ciudad que, de acuerdo a lo convenido, la cabeza del homicida sería situada finalmente en un nicho ubicado en el exacto lugar del asesinato, aunque en lugar de ser expuesta, su cabeza sería colocada en el interior de un cajón y luego puesta en el nicho que sería cerrado por rejas de hierro, explicando que tal medida se debía a la alta alcurnia del homicida y a su intento de impedir que pudieran ocurrir peores desgracias y mayores enfrentamientos. Y así se acabó haciendo, pero no sin antes ordenar que permaneciese siempre de aquella manera y advertir que cualquiera que osara descubrir a quién pertenecía dicha cabeza, sería gravemente castigado.

De este modo, continuó siendo un misterio durante años, sin que nadie pudiera saber nunca quién había sido el asesino y si realmente el rey había cumplido su promesa de colocar en el nicho la cabeza del matador, algo que solo se descubriría tras fallecer el monarca. Fue precisamente tras la muerte de Pedro I cuando el nuevo gobernador de Sevilla, **Tello de Guzmán**, decidió descubrir tan misteriosa identidad, dirigiéndose para ello hacia el lugar donde se ubicaba la hornacina —que antaño se llamaba Cuatro Cantillos y que ahora se llama **calle del Candilejo** en recuerdo del candil que se le cayó a la anciana que presenció los hechos—, acompañado tanto de nobles como de plebeyos. Cuando llegó ordenó quitar la reja y abrir la caja localizada en el nicho, descubriendo todos los presentes para su gran asombro que la caja contenía una cabeza de piedra cuyos rasgos correspondían con los del recién fallecido rey Don Pedro I. Por lo tanto, todos los allí presentes pudieron comprender que el rey había cumplido sin lugar a dudas su promesa de colocar la cabeza del asesino, dicho de otra manera, la de su propia persona, en el lugar donde la vida del hijo del conde de Niebla había sido arrebatada.

Actualmente, la ciudad de Sevilla sigue recordando dicha cabeza de piedra, en primer lugar, porque hay una calle llamada Cabeza del Rey Don Pedro y, en segundo lugar, porque se halla una estatua en piedra de Pedro I ***el Justiciero*** en el nicho de la fachada del edificio que se encuentra junto a esta calle.

Hay muchas otras leyendas hispalenses en torno a la figura del rey Pedro I, como la leyenda del fraile espadachín. ¿Habías oído alguna vez hablar de ella?

Esta leyenda se localiza en el interior del antiguo convento de San Francisco, que se encontraba antaño en el solar que hoy es ocupado por la plaza Nueva. En el interior de dicho convento se hallaba un fraile que tenía fama de ser un gran espadachín, noticia que acabó llegando a oídos del rey, y Pedro I quiso batirse contra este monje de origen navarro. Para lograr tal fin, cuenta la leyenda que el rey entró una noche de incógnito en el convento y logró batirse con el monje, siendo finalmente derrotado por este y descubriendo la identidad del espadachín contra el que el monje había luchado. Cuando el monje estaba a punto de marcarle la cara al rey con la espada, Pedro I le pidió que no lo hiciera y el monje, a cambio de no hacerle marca alguna en el rostro, solicitó que concediera agua corriente a los monjes que en el convento de San Francisco vivían. Los

Estatua de Don Pedro

Rótulo de la calle

monjes debían sacar el agua de los pozos hasta ese momento, pero ya no sería preciso, pues Pedro I accedió a su petición. Por consiguiente, cuando el rey regresó al Alcázar dio orden de que el convento de San Francisco fuese abastecido de agua del acueducto de los Caños de Carmona, por lo que al día siguiente condujeron el agua desde el propio Alcázar al convento conocido también como *Casa Grande de San Francisco*.

El rey Pedro I y la leyenda del reo que llevaban a ahorcar

En la cárcel, ubicada antaño en el centro de la ciudad, había preso un bandido que finalmente fue llevado por unos guardias hacia Tablada para ser ahorcado allí. El trayecto a recorrer por el reo y los guardias podría perfectamente corresponder con la actual avenida de la Constitución y la puerta Jerez. En ese recorrido, el bandido se puso a gritar de repente que se iba a cometer una tremenda injusticia contra su persona, puesto que el mismísimo rey Pedro I le había perdonado la vida, formándose así un gran alboroto en las calles. Decidieron frenar el desfile y un juez fue al Alcázar para hablar con el propio rey de lo sucedido, quien tras negar no solo que no hubiese perdonado la vida al bandido, sino que ni tan siquiera lo conocía, decidió indultar al reo por miedo a que el pueblo terminase creyendo lo dicho por el bandido y acusaran al rey de haber incumplido su palabra. Y así fue como, finalmente, a causa del respeto que le inspiraba al rey la opinión que sobre él pudiera tener el pueblo de Sevilla, el reo volvió a la cárcel tras librarse de una muerte segura.

Pedro I y la leyenda del nombramiento de un Juez

Durante el reinado de Pedro I había que nombrar un juez en Sevilla y eran varios los aspirantes al cargo. Entre ellos se hallaban miembros pertenecientes a las más ilustres y poderosas familias hispalenses, siendo de destacar **los Guzmanes**, **los Tellos**, **los Mendozas** o **los Ponces de León**. Sin embargo, el rey se negaba encarecidamente a conceder aún más poder a ninguna de esas familias y a arriesgarse a que una vez conseguido el cargo favoreciesen solamente a los suyos. Por lo tanto, Pedro I acabó eligiendo como juez a un alcaide del mercado con la esperanza de que fuese más objetivo y justo a la hora de dictar sentencia, puesto que no pertenecía a ninguna de esas importantes familias. No obstante, el rey quiso someterlo a una prueba, por lo que lo condujo a un estanque de uno de los jardines del Alcázar ante todos los que aspiraban al cargo de juez. El estanque se encontraba realmente sucio y flotando en el agua había algo que llevó al rey a realizar una pregunta a todos los allí presentes con el objetivo de que le dijeran de qué se trataba. Acto seguido, el alcaide se descalzó, quitó algo de ropa y se introdujo en el agua del estanque a pesar de lo sucia que estaba y pudo constatar que se trataban de seis medias naranjas, afirmando a continuación ante el rey que había seis medias naranjas, habiendo, por lo tanto, un total de tres naranjas enteras.

Pedro I dijo a todos que él mismo había colocado allí unas horas antes las tres naranjas cortadas de tal manera que al flotar diese la impresión de que eran seis naranjas y que iba a nombrar juez al alcaide del mercado por haber sido el único de los allí presentes que se había esforzado por descubrir la verdad sin que la suciedad del estanque lo detuviera, en lugar de contentarse con mirar la naturaleza de las cosas de una forma meramente superficial tal y como habían hecho los demás, quienes habían creído que flotaban sobre el agua seis naranjas enteras, cuando en verdad eran simplemente seis medias naranjas.

De este modo, el alcaide del mercado fue ese mismo día al palacio de Justicia y por orden del rey tomó posesión de su cargo, demostrando Pedro I una gran sabiduría y un gran discernimiento a la hora de haber elegido al candidato perfecto para juez, provocando el asombro de todos aquellos sevillanos que se enteraron de lo sucedido.

En la zona de la Alameda de Hércules se practicó durante mucho tiempo la prostitución, pero, paradójicamente, hay dos calles allí dedicadas a la Cruz de la Tinaja y a Leonor Dávalos, que deben sus nombres precisamente a unos hechos relacionados con dos mujeres que en época de Pedro I habían defendido fervientemente el pudor femenino. ¿Sabes que tras estos rótulos se esconde otra leyenda relacionada con el rey Pedro I?

Se trata de otra leyenda sevillana relacionada con Pedro I ***el Cruel***, llamados por otros ***el Justiciero***.

En la ciudad de Sevilla vivía una dama de alta alcurnia llamada **Urraca Ossorio**, que fue condenada a morir públicamente, más concretamente, quemada en una pira de leña ubicada cerca de la actual Alameda de Hércules, que en aquel tiempo se trataba de una laguna cuya agua venía del río Guadalquivir. Tal condena se debía a que Urraca Ossorio y su marido **Alonso de Guzmán**, habían conspirado contra el rey Pedro I para destronarle.

Urraca de Ossorio fue colocada en el centro de la pira y ataron sus manos por detrás. Acto seguido prendieron fuego a la pira, pero las llamas acabaron levantando los vestidos de la dama y sus partes íntimas quedaron a la vista de todo el mundo, lo que llevó a la víctima a emitir un desesperado grito, no tanto por el dolor de las quemaduras sino por su enorme pudor. Entre los asistentes se encontraba una joven llamada **Leonor Dávalos**, quien ante el deseo de ocultar las partes íntimas de la condenada corrió a abrazarse a ella, aun a costa de perder su propia vida por ello, puesto que Leonor Dávalos acabó muriendo abrazada a la condenada.

Más tarde se supo que Leonor Dávalos había hecho tan honorable acción porque ella era huérfana y Urraca Ossorio la había criado como si de una hija se tratase, y que fue un acto de amor hacia la persona que tanto había hecho por ella. Cuando el fuego se consumió recogieron sus huesos y cenizas y se las dieron a la familia de **los Guzmanes**, quienes depositaron los restos de ambas mujeres en un mausoleo de alabastro que levantaron en la iglesia del **monasterio de San Isidoro del Campo**, construcción que se debía precisamente a los Guzmanes.

Debido a esta historia, en la zona de la Alameda de Hércules hay una calle dedicada a Leonor Dávalos, mientras que otra calle posee el rótulo de Cruz de la Tinaja en recuerdo de la cruz con forma de jarrón que colocaron en el mismísimo lugar donde habían sido calcinadas las dos mujeres y que popularmente era conocida como Cruz de la Tinaja.

¿Sabías por qué al famoso rey Pedro I *el Cruel* se le empezó a conocer también como *el Justiciero*?

Desde siempre, a Pedro I se le había conocido con el apelativo de ***el Cruel*** debido a diversos hechos de su vida, pero, a partir de la segunda mitad del siglo XVI, se comenzaría a conocer también con otro apelativo y este cambio fue debido a un mandato real.

En el año 1570, el rey Felipe II ordenó a sus cronistas que «en lo sucesivo, cada vez que escribáis el nombre de nuestro antecesor el rey don Pedro I, le añadiréis el apelativo de ***el Justiciero*** y no ***el Cruel*** como torcidamente se le ha venido llamando».

SEVILLA DURANTE EL REINADO DE CINCO REYES DE LA MONARQUÍA DE LOS TRASTÁMARA

Pedro I tenía varios hermanos bastardos, fruto de la relación adúltera de su padre **Alfonso XI** con la dama sevillana **Leonor de Guzmán**. Los sobrevivientes de tal descendencia fueron los gemelos **Fadrique** y **Enrique**, sevillanos de nacimiento; **Tello**, señor de Aguilar; **Sancho**, conde de Alburquerque; **Juan**, señor de Jerez y Badajoz; **Pedro** y una hermana llamada **Juana**.

Pedro I, llamado por unos ***el Cruel*** y por otros ***el Justiciero***, murió en el año 1369 con tan solo 35 años de edad en los campos de Montiel (Ciudad Real) a manos de un caballero francés que estaba al servicio de su hermano bastardo **Enrique**, siendo especialmente famosa la frase que dicho caballero, de nombre **Bertrand du Guesclin**, pronunció al asesinarlo: «Ni quito ni pongo rey, pero ayudo a mi señor».

Así, muerto Pedro I, su hermanastro Enrique, que era sevillano de nacimiento, subió al trono de Castilla y León con el nombre de **Enrique II**, llamado ***el de las Mercedes***, y reinó durante diez años (1369-1379), dando con ello origen a una nueva dinastía, la de los **Trastámara**, que tuvo su origen en la ciudad hispalense. Pero además de su fundador pertenecieron a dicha dinastía los siguientes reyes de Castilla y León: **Juan I** (1358-1390); **Enrique III *el Doliente*** (1379-1406); **Juan II** (1406-1454); y **Enrique IV *el Impotente*** (1454-1474).

¿Cómo fue Sevilla durante el reinado de estos cinco reyes de la dinastía de los Trastámara?

Durante el reinado de estos cinco monarcas, la ciudad de Sevilla estuvo dominada por la nobleza, sobre todo por las poderosas e influyentes familias de **los Guzmanes** y **los Ponce de León**, debiéndose la mayor parte de ese poder político, militar y económico a los cuantiosos privilegios que **Enrique II** les había concedido como consecuencia de haber tomado partido por él en su lucha fratricida contra su hermanastro **Pedro I**.

Fruto de la rivalidad entre estas dos poderosas familias, se acaba formando en la ciudad de Sevilla dos partidos políticos que se enfrentarán constantemente entre sí no solo para apoderarse del gobierno hispalense, sino también controlando los recursos económicos. Cada familia va a procurar que sus partidarios acaben desempeñando los cargos más importantes. Pero lo más sorprendente es que ambas van a llegar incluso a transformar sus palacios en fortalezas, al rodearlos de gruesas murallas y torres, como sucedió con el palacio que los Ponce de León edificaron cerca de la iglesia de Santa Catalina, o el palacio que los Guzmanes levantaron cerca de la actual plaza del Duque.

Era tal la rivalidad entre ambas familias que, a veces, van a producirse muertes como consecuencia de las constantes peleas en las calles y plazas hispalenses, originando un caos a nivel político y social que obligó, en no pocas ocasiones, a los cinco reyes antes mencionados a venir a Sevilla para instaurar el orden nuevamente.

Además, otro dato importante a destacar bajo el reinado de estos cinco reyes de la nueva dinastía de los Trastámara fue que Sevilla fue utilizada por dichos reyes como un lugar estratégico fundamental para iniciar expediciones militares contra los musulmanes, siendo de señalar la toma de **Zahara** y **Olvera**, pero, sobre todo, la toma de **Antequera**, pues los pertrechos para el ejército de esta última expedición se fabricaron en Sevilla.

¿Qué desgracias dignas de mención sucedieron en Sevilla durante el reinado de los Trastámara?

Durante el reinado de estos cinco reyes ocurrieron diversas desgracias en Sevilla, siendo de destacar el **horrible terremoto** que tuvo lugar el día de San Bartolomé de 1396 y que ocasionó serios estropicios e incluso destrucciones, como la caída de las cuatro manzanas de cobre que coronaban el antiguo alminar y que al caer al suelo quedaron reducidas a añicos; o la caída de la torre de la colegiata del Salvador. Pero, además, en este periodo, hubo **terribles epidemias** de fiebres contagiosas que atañeron a muchos de los habitantes, ocasionando numerosos cadáveres que obligaron a que en el año 1383 se edificaran cementerios entre las puertas Osario y de Córdoba, es decir, donde hoy se encuentra la avenida de María Auxiliadora y sus inmediaciones, para poder darles sagrada sepultura.

En esa época, algunos sevillanos creyeron ver un castigo divino en estos gravísimos hechos y, teniendo en cuenta la mentalidad de entonces, no sería de extrañar tales pensamientos si tenemos presente que Sevilla, en muchos aspectos, era un verdadero antro de perdición, de acuerdo, por ejemplo, a lo relatado por Santiago Montoto en referencia a la Sevilla de la época de Enrique III ***el Doliente***. Según Santiago Montoto, había muchísimos rufianes y personas de depravadas costumbres que, provistos de armas, aprovechaban la oscuridad de la noche para cometer fechorías en las calles sin que la justicia hiciera nada por solucionarlo. Además, las prisiones eran convertidas en casas de juego y se cometían auténticas inmoralidades en la cárcel del Cabildo. Y, finalmente, en las calles hispalenses se abría, según se puede leer en documentos de la época, *monasterios de malas mujeres que usaban mal de sus cuerpos en pecado de luxuria o que tenían a una mayorala a manera de abadesa*.

¿Sabías que los cristianos utilizaron durante más de ciento cincuenta años el edificio musulmán de la mezquita hispalense antes de decidir construir la famosa catedral?

Tras utilizar el lugar durante más de ciento cincuenta años, a partir de 1401 se pensó en construir un nuevo templo de formas totalmente cristianas, por lo que se procedió a demolerla.

¿Sabías que durante el reinado de los Trastámara se comenzaron las obras de la impresionante catedral de Sevilla? ¿Sabías que la catedral de Sevilla fue durante ciento cincuenta años el templo más grande del mundo? ¿Tenías constancia de que la catedral de Sevilla es la catedral gótica cristiana con mayor superficie del mundo?

La antigua mezquita aljama almohade de Sevilla amenazaba ruina y era imposible poder mantenerla, además de ser insuficiente para las ceremonias cristianas a causa del gran aumento de la población durante el reinado de los Trastámara. Por lo tanto, el Cabildo, teniendo en cuenta tales circunstancias y guiados por su deseo de ensalzar a Dios y engrandecer la ciudad, acordó construir *otra iglesia tal y tan buena que no haya otra igual, y que se considere y atienda a la grandeza y autoridad de Sevilla y su Iglesia, como manda la razón*. Fue tan enorme el entusiasmo de los integrantes del Cabildo ante la decisión de la construcción de un templo de tales magnitudes que, a día de hoy, sigue siendo famosa la frase que uno de los prebendados exclamó fruto de su alegría: *Fagamos un templo tal e tan grande, que los que la vieren acabada, nos tengan por locos*.

Así fue como el viernes 8 de julio de 1401 nacía la idea de construir, el que sería durante ciento cincuenta años el mayor templo del mundo, la catedral de Sevilla.

Ha sido trascendental durante siglos la importancia de la catedral de Sevilla. De hecho, forma parte del listado de bienes culturales patrimonio de la humanidad de la UNESCO, título que consiguió en 1987.

Está construida en estilo gótico tardío, lo que la convierte en la catedral gótica más grande del mundo.

Exterior de la Catedral de Sevilla

¿Sabías que el nombre oficial de la catedral de Sevilla es catedral de Santa María de la Sede? ¿A qué se debe?

El nombre oficial de la catedral de Sevilla es catedral de Santa María de la Sede y se debe a una imagen mariana del siglo XIII que se llama así.

La Virgen de la Sede es una advocación de la Virgen María venerada en Sevilla, (España), y la verdadera titular de la catedral hispalense.

La Virgen de la Sede es una imagen del siglo XIII de la Escuela de Reims y está situada en la parte inferior del retablo mayor de la catedral hispalense. Es una imagen de talla completa, realizada en madera de ciprés y recubierta de planchas de plata en su color.

Es llamativa la expresión de la Virgen y del Niño, en cuyos rostros se aprecia un comienzo de sonrisa iniciada, gesto que los acerca más al espectador, siendo un rasgo característico de las imágenes de este tiempo.

Puerta del Nacimiento de la Catedral de Sevilla

Según la tradición, dicha imagen fue venerada por el rey **Fernando III**, conocido por todos como San Fernando, habiéndola tenido en su campamento durante el asedio de Sevilla y pasando a presidir poco después la procesión triunfal de entrada a la ciudad de Sevilla tras la conquista de la misma. Además, dicha imagen presidió la iglesia que se habilitó en la antigua mezquita antes de que se acabara convirtiendo en la imponente catedral.

Y, para finalizar, resaltar que el arzobispo **Raimundo de Losana** la declaró **patrona de la sede episcopal** de la ciudad de Sevilla en el siglo XIII.

De este modo, esta virgen da nombre al templo de la catedral de Sevilla, llamado oficialmente **catedral de Santa María de la Sede**.

Puerta del Bautismo de la Catedral de Sevilla

Vista de la Catedral de noche

¿Sabías que el monasterio de Santa María de las Cuevas fue construido bajo el reinado de Enrique II? ¿A qué se debe su nombre?

Bajo el reinado de los Trastámara se construyó el monasterio de Santa María de las Cuevas, que se sigue conservando en la actualidad. Fue fundado concretamente bajo el reinado de Enrique II por el arzobispo **Gonzalo de Mena** en un lugar donde había muchas cuevas —de ahí el nombre del Monasterio— y que se encontraba a orillas del río Guadalquivir. Actualmente, ese lugar se conoce como Isla de la Cartuja y el Monasterio es empleado para funciones administrativas y culturales, siendo de destacar el **Museo de Arte Contemporáneo** que se haya en su interior.

Monasterio de Santa María de las Cuevas

¿Sabías que el dicho «quien fue a Sevilla, perdió su silla» tiene su origen en un hecho histórico que tuvo lugar durante el reinado de Enrique IV?

En multitud de ocasiones habrán oído hablar del siguiente dicho o refrán: «Quien fue a Sevilla, perdió su silla». Se emplea para referirse a la pérdida de los privilegios o posesiones que se tenían por el mero hecho de haberlos abandonado durante unos momentos o un tiempo. Esta famosa expresión se utiliza cuando alguien se ausenta de algún lugar momentáneamente y al regresar se encuentra con que otra persona ha ocupado su sitio.

Pero, ¿por qué Sevilla? ¿Cuál es el origen histórico de este dicho popular?

En primer lugar, habría que matizar que la frase correctamente enunciada es: «Quien se fue de Sevilla, perdió su silla».

Es muy curiosa la enorme variedad de expresiones que existen muy parecidas según el Centro Virtual Cervantes. Algunas de las más famosas son las siguientes:

A veces se menciona otra ciudad además de a Sevilla:

«Quien fue a Sevilla, perdió su silla, y quien fue a Jerez, la perdió otra vez»;
o *«Quien fue a Sevilla, perdió su silla, y quien fue a Aragón se la encontró»;*

Y muy curiosas resultan estas dos expresiones, donde además se añade la figura de un sillón.

«Quien fue a Sevilla, perdió su silla, y quien fue a Morón, perdió su sillón»
o *«Quien fue a Padrón [Galicia], perdió su sillón»*.

Finalmente, recogemos dos curiosos ejemplos, que encierran una mayor complejidad simbólica:

«Quien fue a Sevilla, perdió su silla; quien fue y volvió, a garrotazos se la quitó»;
«Quien fue a Sevilla, perdió su silla; quien fue y volvió, la recobró/encontró».

Como podemos comprobar predomina la referencia a la ciudad de Sevilla en casi todas. Pero, ¿por qué la ciudad de Sevilla y no otra? ¿Hay alguna historia curiosa tras este refrán?

Esta popular expresión tiene su origen en un acontecimiento histórico que tuvo lugar en el siglo XV durante el reinado del rey de Castilla **Enrique IV**.

Había dos arzobispos importantes que se acabaron enfrentando entre sí, a pesar de ser familiares. Uno era Alonso de Fonseca ***el Viejo*** —tío— y Alonso de Fonseca ***el Mozo*** —sobrino.

Todo ocurrió a raíz de un nombramiento arzobispal en el año 1460. Un sobrino de don Alonso de Fonseca, que era arzobispo de Sevilla, fue nombrado arzobispo de Santiago de Compostela. El reino de Galicia se encontraba muy revuelto por aquel entonces, motivo por el cual, el sobrino pidió ayuda a su tío para de esa forma lograr tomar posesión de la sede episcopal gallega. Mientras tanto, el sobrino aguardaría el arzobispado del tío, es decir, en Sevilla.

En consecuencia, el arzobispo de Sevilla don Alonso de Fonseca se dirigió a Galicia y restableció la paz en la revuelta de Santiago de Compostela. Sin embargo, cuando regresó a Sevilla para recuperar su cargo, lejos de obtener agradecimiento por parte de su sobrino, se encontró con una desagradable sorpresa. Su sobrino se negaba a devolverle la silla arzobispal hispalense, motivo que ocasionó un gran enfrentamiento entre tío y sobrino. De hecho, para solventarlo, tuvieron que recurrir a un mandamiento del Papa, junto a la intervención del rey de Castilla Enrique IV. Incluso se llevaron a cabo algunos ahorcamientos.

Es en estos hechos históricos cuando tiene origen el famoso refrán, por lo que se puede acabar deduciendo que la ausencia perjudica no al que se fue a Sevilla, sino al que se fue de la ciudad: «**Quien se fue de Sevilla, perdió su silla**».

No obstante, la historia de la silla se quedó en la imaginación del pueblo difundiéndose y propagándose durante siglos, y llegó incluso a nuestros días, aunque con un significado diferente del que tuvo en su origen.

¿Cómo repercutió a Sevilla el conflicto en la sucesión de Enrique IV *el Impotente*?

Al final de este periodo, se agravaron aún más las disputas en Sevilla entre las poderosas familias de **los Ponce de León** y **los Guzmanes**; y es que en la ciudad de Sevilla tuvo una enorme repercusión el problema causado con la sucesión de Enrique IV ***el Impotente***. Este había tenido una hija cuya paternidad fue muy cuestionada, siendo conocida, de hecho, como **Juana *la Beltraneja***. Una parte de la nobleza castellana no la aceptó como hija biológica del rey, a quien acusó de haber obligado a su mujer a tener un hijo con su favorito, **Beltrán de la Cueva**, primer duque de Alburquerque.

Con motivo de la disputa entre los Guzmanes y los Ponce de León, la ciudad de Sevilla sufrió el saqueo de mil quinientas casas, además de quemarse la iglesia de San Marcos.

Sería **Isabel *la Católica***, también perteneciente a la dinastía de los Trastámara, y su esposo Fernando quienes terminarían poniendo orden en la ciudad de Sevilla, a la que convertirían en puerta de América.

LA JUDERÍA DE SEVILLA EN LA EDAD MEDIA

¿Cómo fue la Judería medieval hispalense? ¿Sabías que en la época de Fernando III de Castilla se concentraba en Sevilla la segunda comunidad judía más importante de España tras la de Toledo? ¿Sabías que en el tesoro de la catedral hispalense se encuentran las llaves de las puertas de la antigua Judería de Sevilla?

Tras ser tomada Sevilla por **Fernando III de Castilla**, quien sería conocido por todos como San Fernando, los judíos empezaron a poblar en abundancia la ciudad, hasta el punto de llegar a convertirse la judería hispalense en la segunda judería más importante de España tras la de Toledo.

El rey Alfonso X ***El Sabio*** le concedió al pueblo judío cuatro mezquitas para que las convirtieran en sinagogas, correspondientes a las actuales iglesias de Santa María la Blanca y la de San Bartolomé, junto a la iglesia mudéjar de Santa Cruz que sería derribada en 1810 por el gobierno de ocupación francés del momento, dentro de un plan más amplio de reurbanización de la ciudad, dando lugar al espacio abierto que hoy día conforma la plaza conocida por todos como plaza de Santa Cruz.

Pero, además de estas tres sinagogas, hubo una cuarta muy poco conocida y que al igual que las otras pasaría a ser con el tiempo edificio cristiano, concretamente el convento de las monjas dominicas. Respecto a esta cuarta sinagoga, habría que señalar que llegó a ser comparada con la transcendental sinagoga del Tránsito de Toledo, sosteniéndose que su construcción fue ordenada por **Samuel Ha-Leví**, que era el tesorero y hombre de confianza de Pedro I ***El Cruel***, y el mismo que se encargó de levantar la de Toledo. De hecho, resulta llamativa la clara inspiración judía que posee dicho convento, como las ventanas en forma de estrella o los arcos en forma de herradura apuntados.

De este modo, nos encontramos con cuatro lugares emblemáticos para la historia de Sevilla, pues fueron sucesivamente mezquitas, sinagogas e iglesias, conservándose solo dos de estas antiguas iglesias y el convento, ya que en el lugar en que antaño se elevaba la antigua iglesia mudéjar de Santa Cruz existe hoy una plaza.

La judería sevillana ocupaba una gran parte del territorio de la ciudad de Sevilla. Estaba formada por los actuales barrios de Santa Cruz y de San Bartolomé, además por los alrededores de la iglesia de Santa María la Blanca.

En la Edad Media, los judíos estuvieron muy vinculados a la nobleza y a los reyes, sirviéndoles en muchas ocasiones de soporte financiero, puesto que buena parte de los judíos se dedicaban al comercio y las finanzas.

Un ejemplo de ello lo tenemos en el judío Samuel Leví, que fue tesorero del rey Pedro I, llamado por unos ***el Cruel*** y por otros ***el Justiciero***, y que en recuerdo de la poderosa familia judía a la que perteneció tal tesorero existe hoy día una calle en la antigua judería de Sevilla llamada calle Levíes.

Sin embargo, los judíos tendían a apartarse físicamente del resto de la sociedad al conformar las llamadas Juderías, localizadas en barrios cerrados con puertas, siendo prueba de ello las llaves de las puertas de la antigua judería de Sevilla que tenemos la gran suerte de conservar en el tesoro de la catedral hispalense.

Las juderías se trataban de auténticas fortalezas que se regían por sus propias ordenanzas y leyes, las cuales, a veces, eran muy distintas a las implantadas para el resto de los habitantes de las ciudades donde se encontraban. De igual modo sucedió en la Sevilla medieval, pudiendo identificarse la localización de las dos puertas de la judería hispalense que desaparecieron, estando una muy posiblemente cerca de San Nicolás y otra en la puerta de la Carne.

Judería de Sevilla

EL REY MORO

PIMIEN

JUDERIA

¿Sabías que en el año 1391 tuvo lugar una terrible matanza de judíos sevillanos?

En el año 1391 tuvo lugar uno de los hechos más trágicos de la historia de Sevilla, pues se produjo una terrible matanza de judíos en la judería hispalense. Según crónicas de la época, fueron cuatro mil los judíos asesinados, aunque tan elevada cifra ha sido cuestionada por varios autores. Sí que es cierto, que fueron numerosas las muertes, y que dicho hecho marcaría un antes y un después.

Dicha matanza fue suscitada por los sermones que arremetían contra los judíos que un **arcediano de Écija** llamado **Fernando Martínez** pronunció en la Catedral y diversos lugares públicos hispalenses. El ardor de la predicación antijudía del arcediano exaltó al pueblo, por lo que en marzo de 1391 entró por vez primera en la judería sevillana y saqueó tiendas, entre otras fechorías. Después, el día 6 de junio de 1391 se produjo otra revuelta y los judíos fueron acosados por las estrechas calles de su barrio, arrancándoles la vida con cuchillos, dagas y otras herramientas, sin que las medidas que las autoridades habían tomado sirvieran para detener a la muchedumbre.

¿Qué fue de la comunidad judía hispalense?

Muchos de los supervivientes judíos huyeron tras dicho suceso y los pocos que quedaron fueron expulsados por los Reyes Católicos en 1492, junto con el resto de judíos españoles de esa época. Muchos judíos, para poder quedarse, se adaptaron a la religión oficial impuesta, es decir, al cristianismo. Sin embargo, otros judíos que se marcharon al exilio, ante la esperanza de poder retornar en algún momento, se llevaron con ellos las llaves de sus casas.

La leyenda de la Susona. Una bella judía que vivió en la Sevilla del siglo XV

Susona es el apodo con el que se le conoce a **Susona Ben Susón**, que fue una judía de Sevilla del siglo XV.

Según la leyenda, Susona Ben Susón era conocida por su belleza. Era conocida como la ***Fermosa Fembra***. Tanto se creyó los piropos que le decían que decidió sacar partido de ello y utilizarlo para poder ascender socialmente de posición. Para ello, entabló relaciones amorosas con un caballero cristiano muy bien posicionado. Todas las noches esperaba a que su padre se fuese a dormir para correr al encuentro de su amado. Sin embargo, una noche quiso el fatal destino que escuchara algo que jamás debió haber escuchado...

Adentrémonos un poco en la historia para comprender la magnitud de los hechos que acontecieron.

Los judíos fueron un colectivo oprimido en Europa durante la Baja Edad Media. A finales del siglo XV, en 1478, bajo el reinado de los Reyes Católicos se fundó en España la Inquisición. Y, hacia el 1480, un grupo de judíos tramaron una conspiración para desestabilizar el Estado. Uno de sus cabecillas fue precisamente el padre de Susona, llamado **Diego Susón**. Por consiguiente, los conspiradores se reunían en casa de Diego Susón para organizarlo y prepararlo todo. Entre sus planes se encontraban llevar a cabo levantamientos violentos en las principales ciudades. También pretendían liberar a presos para que produjeran desórdenes. Y además estaban dispuestos incluso a beneficiar el poder musulmán.

Susona Ben Susón escuchó aquella noche el complot que su padre Diego Susón y otros cabecillas judíos estaban planeando. Por más que no quería delatar a los suyos y a su padre, finalmente fue a avisar a su amado, pues tenía miedo de que pudiera resultar herido. Por consiguiente, su amor por aquel hombre acabó siendo la causa de su propia desgracia. Y todo porque dicho caballero cristiano acudió al asistente mayor de la ciudad de Sevilla, **Diego de Merlo**, para informarle de lo que le había contado Susona.

Diego de Merlo se presentó con tropas una noche en casa de Diego Susón a una de las reuniones y arrestó a todos los judíos allí reunidos. Fueron encarcelados y al tercer día fueron ahorcados en Tablada. El grupo lo formaban **Diego Susón**, **Bartolomé Torralba**, **los hermanos Aldalfe de Triana**, **Pedro Fernández de Venedera**, **Juan Fernández de Albolasya**, **Manuel Saulí** y unas veinte personas distinguidas procedentes de Sevilla, Carmona y Utrera, entre las que se encontraban tanto mercaderes como escribas.

Susona se sintió sumamente arrepentida y con un gran sentimiento de culpa por haber traicionado a su padre. Así que decidió ir a la catedral y pedir ser bautizada y confesada. Ambos sacramentos corrieron a cargo del **arcipreste Reginaldo Romero**. Sin embargo, no encontró consuelo alguno y, además, sufrió el desprecio de toda la comunidad judía. Pero lo que acabó destrozando su corazón en mil pedazos fue precisamente que aquel por quien lo había dado todo, la acabara rechazando y no quisiera saber nunca más nada de ella.

Frente a tales desgracias, Susona solo vio una salida posible. Acabó retirándose a un convento de clausura para nunca más volver a salir de él. A su muerte dispuso en su testamento que quería que separaran su cabeza de su cuerpo. Quería que su cabeza fuera colgada de la puerta de su casa, en el barrio Santa Cruz de Sevilla. Pretendía recordar a la gente por siempre jamás su traición. Aunque, además, deseaba advertir a las generaciones futuras de hasta donde le había llevado su locura de amor juvenil.

Como resultado, la cabeza permaneció ahí, al menos, hasta el 1600, cuando decidió retirarse debido a lo tétrica que resultaba. De hecho, la calle más cercana fue antaño llamada **calle de la Muerte**. Afortunadamente, en la actualidad hay sobre su antigua casa un azulejo que muestra la calavera y esa tétrica calle de la Muerte pasó a llamarse **calle Susona**.

Azulejo de La Susona

Calavera de La Susona

LA SEVILLA DE LOS REYES CATÓLICOS. LA SEVILLA DEL DESCUBRIMIENTO

A partir del reinado de **los Reyes Católicos** se produjeron grandes cambios en todo el panorama español y en la ciudad de Sevilla, pudiéndose afirmar que hubo un antes y un después tras dicho reinado. Dentro de su reinado destacan principalmente dos hechos fundamentales: la conquista del **reino nazarí de Granada** y el **descubrimiento de América** en 1492.

El enlace matrimonial entre **Isabel**, princesa de **Castilla**, y **Fernando**, príncipe de **Aragón**, se produjo en Valladolid el 19 de octubre de 1469. A pesar de los muchos obstáculos familiares y políticos que trataron de impedir dicha unión, finalmente, el amor que ambos jóvenes se profesaban y los intereses de sus respectivos reinos acabaron siendo más fuertes que todo lo demás.

Isabel era hija del rey **Juan II de Castilla** e **Isabel de Portugal**. Vivió 53 años muy intensos, pues nació el 22 de abril de 1451 en Madrigal de las Altas Torres (Ávila) y falleció el 26 de noviembre de 1504 en Medina del Campo (Valladolid), siendo proclamada reina en Segovia cuando tan solo contaba con veintitrés años y siete meses.

Su esposo, **Fernando de Aragón**, era hijo del rey **Juan II de Aragón** y de la castellana **Juana Enríquez**. Nació el 10 de mayo de 1452 y murió el 22 de enero de 1516.

Ambos tenían en común no solo su edad sino también su descendencia de los Trastámara castellanos, junto al gran sueño de lograr unir varios reinos en uno solo.

¿Sabías que la reina Isabel la Católica vino a Sevilla por primera vez el 24 de julio de 1471 y entró por la puerta de la Macarena? ¿Tenías constancia de que para dicho recibimiento real Sevilla pidió un préstamo y empeñó las rentas e impuestos del siguiente año?

En la ciudad de Sevilla, había dos bandos por aquel entonces que tenían el deseo de hacerse con el control político y económico de la ciudad, produciéndose diversas luchas en Sevilla que acabaron haciendo de ella una ciudad ingobernable. Estos bandos eran el del **marqués de Cádiz** y el del **duque de Medina Sidonia**.

Con el objetivo de poner fin a tal tesitura, **la reina Isabel** viajó hacia Sevilla por primera vez el 24 de julio de 1471, y entró a la ciudad por la puerta de la Macarena, la cual engalanaron especialmente para dicho recibimiento real, decorándola con paños de terciopelo de color carmesí, sobre los que destacaba un altar de plata iluminado.

La joven reina, bajo un palio de brocado, con flores de oro, recorrió las calles hispalenses hasta llegar a la Catedral, junto a un fastuoso cortejo donde iban personalidades ilustres, entre los que cabe destacar el Cabildo catedralicio con su capilla de música, el Alguacil mayor —portando el pendón de la ciudad—, los oficiales del Regimiento y el arzobispo hispalense.

A pesar de la deplorable situación económica en la que se encontraban las arcas municipales, Sevilla no reparó a la hora de rendir homenaje a la reina en su entrada a la ciudad y preparó un exuberante recibimiento que supuso la aprobación de un presupuesto de trescientos mil maravedíes, por lo que hubo que solicitar un préstamo que supuso el empeño de los impuestos y las rentas del año siguiente.

La ciudad de Sevilla celebró numerosas fiestas mientras se esperaba la llegada del **rey Fernando**, que se produjo en septiembre del mismo año, repitiéndose nuevamente un cortejo idéntico, aunque incrementándose las fiestas.

El lugar de residencia de los Reyes Católicos durante su estancia en Sevilla fue el **Alcázar**.

Para la ciudad de Sevilla, el reinado de los Reyes Católicos vino a significar la imposición de la autoridad real sobre los dos bandos existentes en aquel entonces, puesto que, cuando hubieron finalizado las fiestas de acogida, Isabel, como reina de Castilla, instituyó el **Tribunal de Justicia de Sevilla** y logró que el duque de Medina Sidonia y el marqués de Cádiz suavizaran sus desavenencias.

¿Sabías que el primer hijo de los Reyes Católicos nació en Sevilla y que su bautizo se celebró en la catedral hispalense?

Un año después de su llegada a Sevilla, la reina Isabel tuvo en Sevilla a su primer hijo, quien sería bautizado en la catedral hispalense con el nombre de **Juan**, siendo sus padrinos **el Embajador de Venecia** y **el nuncio de su Santidad** —representante diplomático del papa—. Aunque heredero de las coronas de Castilla y Aragón, no pudo ceñirse finalmente las coronas de sus padres al morir a la temprana edad de 19 años.

La reina Isabel favoreció enormemente a la catedral de Sevilla, no solo por haber celebrado en ella el bautizo de su primogénito, sino porque celebró allí Cortes, además de donar una bella lámpara de plata a la capilla de la Virgen de la Antigua.

¿Qué sucesos importantes ocurrieron en Sevilla durante el reinado de los Reyes Católicos?

En primer lugar, decir que en 1492 fueron expulsados **los judíos** que quedaban en Sevilla y en 1502 **los moriscos**.

En segundo lugar, hay que resaltar el establecimiento en 1503 de la **Casa de Contratación de las Indias**, que estuvo ubicada en la plaza contigua a la puerta de Jerez y la fundación en 1505 de la **Universidad hispalense** por **don Rodrigo de Santaella**. Además, después de ciento tres años de construcción, tuvo lugar la finalización de la catedral gótica en 1506.

Durante el reinado de los Reyes Católicos, Sevilla dejó atrás la oscuridad característica de la Edad Media y se adentró en la Era Moderna, pasando a ser una de las ciudades más hermosas, prósperas y pobladas del mundo. Ello se debió gracias a que los Reyes Católicos la convirtieron en la puerta de entrada y salida de personas y mercancías vinculadas con las **Indias occidentales**, es decir, con el **Nuevo Mundo**. Sevilla atrajo a personas de muchos lugares y de distinta condición social, encontrándose entre ellos trotamundos, religiosos, mercaderes y banqueros, como la importante familia genovesa de los **Pinelo**.

¿Qué desgracias tuvieron lugar en Sevilla durante el reinado de los Reyes Católicos?

Sin embargo, no todo fue prosperidad para Sevilla, pues ocurrieron diversas desgracias en la ciudad durante el reinado de los Reyes Católicos.

Por un lado, el viernes santo de 1504 hubo un **terrible terremoto** que ocasionó una gran desolación con considerables pérdidas materiales y humanas, y provocó el derribo de torres y edificios y la inundación de las zonas bajas de la ciudad como consecuencia del desbordamiento de las aguas del río Guadalquivir.

Por otro lado, en 1507 tuvo lugar una **epidemia de peste** que se llevó la vida de más de treinta mil personas, entre los que se hallaba el duque de Medina Sidonia.

¿Sabías que don Diego de Merlo, el asistente nombrado por Isabel la Católica, fue el impulsor del templete de la famosa Cruz del Campo? ¿Tenías constancia de que antaño en el lugar donde se erige hoy la Cruz del Campo existió el desaparecido hospital de los Negros y una simple cruz de madera que cumplía las funciones de humilladero?

Isabel la Católica nombró en 1478 como Asistente de la ciudad de Sevilla a don **Diego de Merlo**, a quien debemos el **templete de la Cruz del Campo**, que se encuentra al final de la calle Luis Montoto. Se trata de un discreto monumento que posee un enorme valor simbólico sin el cual sería casi imposible de entender ciertas costumbres religiosas estrechamente arraigadas en el corazón de Sevilla, como por ejemplo la práctica del *Vía Crucis* o la mismísima **Semana Santa**.

Se trataba de un humilladero, y como tal se erigió, en palabras de **Jesús M. Palomero**, «con el triple propósito de ordenar el tránsito, señalar el límite o término de la población vecina y fomentar la piedad de los viandantes, recordándoles su obligación cristiana de persignarse y arrodillarse-humillarse ante la imagen allí existente». En este caso, se encontraba un **crucificado** ya muerto y una **dolorosa**, ambos realizados por el escultor **Juan Bautista Vázquez *El Viejo***, quien realizó también la imagen del **Cristo de Burgos** y diseñó la estatua de la Fe conocida como el ***Giraldillo***.

En el hueco de la bóveda hay una inscripción en la que consta tanto su fecha de creación, 1482, como el nombre de su impulsor, Diego de Merlo, que fue Asistente de Sevilla bajo el reinado de los Reyes Católicos.

Cruz del Campo

Respecto al lugar elegido, hay diversas opiniones al respecto. Algunos historiadores como **Ortiz de Zúñiga** sostienen que se debería por ser el enclave donde emergía el famoso acueducto de los Caños de Carmona, que también fue restaurado por voluntad de Diego De Merlo. Sin embargo, otros historiadores, sostienen que la elección del lugar se basó en que aquella era la entrada más concurrida de Sevilla, es decir, en palabras de **Roda Peña**: «el acceso a una ciudad que, bajo el gobierno del Asistente, se había convertido por voluntad de los Reyes Católicos en la primera sede castellana del tribunal inquisitorial, y en baza principal para continuar la guerra de Granada».

El carácter casi sagrado que ha tenido el templete durante gran parte de su historia se debe entre otras cosas por haberse encontrado antaño en ese mismo lugar el desaparecido **hospital de los negros**, donde hubo una capilla, sede de la cofradía de «Los Santos Ángeles», y cerca debió de existir una cruz realizada en madera que realizaría las funciones de humilladero hasta ser sustituido por la construcción de Diego de Merlo. Incluso **José Gestoso** en ***Sevilla Monumental y artística*** señaló que en la zona pudieron haber existido templos romanos o musulmanes.

Detalle del Crucificado de la Cruz del Campo

¿Sabías que la Semana Santa de Sevilla tiene su origen en torno al templete de la Cruz del Campo y que las procesiones tenían tal humilladero como destino hasta el año 1604?

En torno al templete de la Cruz del Campo hubo antaño procesiones muy simples que se hacían a nivel personal y para rogar por la solución de ciertos desastres naturales y desgracias que durante la Edad Media se atribuían al pecado humano. Por eso era bastante habitual ver por la zona **disciplinantes** flagelándose con la intención de expiar sus pecados y también había sacerdotes y frailes de los distintos conventos cercanos que aprovechaban para predicar y exhortar a los fieles. Por lo tanto, ya desde el siglo XIV existieron **cofradías** que realizaban procesiones al humilladero de la Cruz del Campo para rogar por la solución de problemas y pedir el perdón divino, aunque tales cofradías no adquirirían la concepción de imágenes y procesiones penitenciales hasta finales del siglo XV o XVI. Por lo tanto, aunque salvando las distancias, se podría decir que la famosa **Semana Santa** de Sevilla tiene su origen en torno a la Cruz del Campo, puesto que las cofradías irían hacia el humilladero hasta que el cardenal **Fernando Niño de Guevara** obligase a las hermandades a procesionar hasta la **Catedral**, con el sínodo de 1604.

¿Cómo fue el trato que la ciudad de Sevilla dispensó a Cristóbal Colón? ¿A qué importantes personalidades hispalenses conoció? ¿Sabías que al regresar de su primer viaje Cristóbal Colón se postró ante un retablo de Santa María en el Alcázar por encontrarse cerrada la Catedral al ser de noche? ¿Tenías constancia de que fue un sevillano quien informó por primera vez a los Reyes Católicos del regreso de Cristóbal Colón y que fue premiado por ello? ¿Has oído alguna vez hablar del doctor Chanca? ¿Por qué el Cabildo de la catedral de Sevilla le prestó a Colón al regresar de su tercer viaje unas andas para desplazarse a Madrid?

En el siglo XV existía en la ciudad de Sevilla una férrea tradición marinera, motivo que llevó a que se constituyese una **cofradía de mareantes** que recibió importantes privilegios por parte de los Reyes Católicos. Además, esa unión de la ciudad hispalense con la navegación marítima venía de tiempo atrás, pues no olvidemos que el rey Alfonso X ***El Sabio*** había ordenado la construcción de las **Atarazanas Reales** en el barrio del Arenal. Todo ello pudo contribuir a que **Cristóbal Colón** llegara a Sevilla hacia finales de 1484 o principios de 1485 y se dedicara a confeccionar **mapas marítimos**.

En Sevilla, Cristóbal Colón entró en contacto con ilustres e importantes componentes de la sociedad hispalense del momento, como el **conde y futuro duque de Medinaceli**, que fue su protector y quien le infundió ánimos para llevar a cabo sus propósitos; los monjes cartujos **fray Diego de Luxan** y **fray Gaspar Gorricio**; o **el canónigo don Juan Rodríguez Fonseca**, que posteriormente sería primer Patriarca de las Indias Occidentales y su principal enemigo.

Tras firmarse las **capitulaciones de Santa Fe**, Colón volvió a Sevilla en abril de 1492 para organizar su primer viaje con destino a las Indias, siendo de destacar que había pasado de ser un mero dibujante de mapas a convertirse en un prestigioso personaje. Esto fue debido a sus acuerdos con los **Reyes Católicos**, puesto que estos lo habían nombrado **Almirante de las Indias**, **Virrey** y **Juez de los temas comerciales**, además de concederle la décima parte de las riquezas que consiguieran y la octava parte de las ganancias del viaje. Y, como consecuencia de esta fuerte vinculación con los Reyes, el Consejo de Sevilla prestó a Colón toda su ayuda.

Cuando Cristóbal Colón regresó de su primer viaje, todos los habitantes hispalenses pudieron contemplar maravillados a Cristóbal Colón paseando por las calles sevillanas junto a animales exóticos e indios que había traído con él. Colón deseó entrar en la Catedral para rezar y agradecer el haber regresado con vida y haber podido cumplir su sueño, pero como era de noche y estaba cerrada, se dirigió hacia el **Alcázar** y allí se arrodilló ante un **retablo de Santa María**.

Fernando Collantes fue un sevillano que informó por primera vez a los Reyes Católicos de que Cristóbal Colón había regresado de su viaje, debiendo alegrarse tanto los reyes ante la noticia que premiaron al sevillano por su diligente y fidedigna información regalándole una casa en los mismísimos Reales Alcázares.

Cuando Cristóbal Colón regresó nuevamente a Sevilla para organizar su segundo viaje, hubo muchos sevillanos que lo recibieron con gran entusiasmo y que, queriendo ganar fortuna, se pelearon por poder ocupar una de las plazas que había libres para partir hacia las Indias, puesto que Colón no solo contaba con sus antiguos títulos sino, además, con el nuevo cargo de **Capitán General de la Armada** que le confería enormes facultades para gobernar y administrar las nuevas tierras.

Las naves se avituallaban en el puerto hispalense hasta que el 24 de septiembre de 1493 partieron de la ciudad de Sevilla con rumbo a Cádiz, desde donde se adentrarían en la mar. Habría que resaltar de este segundo viaje que fue **el doctor Chanca**, un vecino de Sevilla, el médico de la expedición y que, a su regreso, cuando iba de camino hacia la Corte, fue acogido como huésped por **Andrés Benáldez**, llamado el ***Cura de los Palacios***.

Sin embargo, en la preparación de su tercer viaje, el Almirante no fue recibido por los sevillanos con el anterior entusiasmo, seguramente por sus fuertes diferencias con su antiguo amigo Fonseca que había pasado a convertirse en obispo. Además, se comenzó a saber de su mal proceder como gobernante de los nuevos territorios. Al regresar a Sevilla de su tercer viaje causó a los habitantes hispalenses una pésima impresión, pues venía pobre, humilde, ciñendo el cordón de la Orden Franciscana, y no solo víctima de la vejez, sino de enfermedades como la gota que apenas le permitía andar. Ante esto último, **el Cabildo de la catedral de Sevilla** le prestó unas andas para que así pudiera desplazarse a Madrid.

¿Sabías que en los jardines de Murillo hay un monumento dedicado a Cristóbal Colón?

En los jardines de Murillo y, concretamente, en el paseo de Catalina de Ribera se alza un monumento dedicado a Colón. Fue promovido en 1917 por **José Laguillo y Bonilla**, director del periódico sevillano ***El Liberal*** y fue pagado con dinero de una suscripción popular. La arquitectura del monumento corresponde a **Juan Talavera y Heredia** y la escultura a **Lorenzo Coullaut Valera**.

El monumento se halla ubicado sobre la pila circular de una fuente y consiste en un basamento y dos columnas de piedra, en medio de las cuales hay a cada lado una proa de calavera con una cartera, llevando escritos una el nombre de **Isabel** y la otra el de **Fernando**. Además, en el basamento de las dos columnas hay dos medallones de mármol, uno a cada lado, con el **busto de Colón** y el **escudo de los Reyes Católicos** respectivamente. Y, rematando las columnas, aparece un león con un orbe.

Sin embargo, no es el único monumento dedicado a Colón en la ciudad de Sevilla, pues hay otro en el **parque de San Jerónimo** conocido como el ***Huevo de Colón*** —por la forma— y también hay una estatua de él en el **jardín del monasterio de la Cartuja**.

Monumento a Cristóbal Colón en los Jardines de Murillo

Monumento a Cristóbal Colón en los Jardines de Murillo

¿Tenías constancia de que la publicación de las Cartas anunciando el descubrimiento de las Indias está considerada como una de las primeras operaciones de propaganda política llevadas a cabo por un estado?

Las cartas que anunciaron el descubrimiento de las Indias son un conjunto de manuscritos e impresos que, a partir de 1493, hicieron públicos los hallazgos de la primera expedición de Cristóbal Colón al territorio que acabaría llamándose América. Hacia principios de abril de 1493 se imprimió en Barcelona una **carta en castellano** dirigida al escribano de Ración de la Corona de Aragón, **Luis de Santángel**. Al poco tiempo, fue publicada en Roma una traducción al **latín** de dicho documento u otro muy similar dirigida al tesorero real **Gabriel Sánchez**, debiendo destacarse que la versión en latín fue rápidamente difundida por toda Europa, siendo reeditada varias veces y traducida a otros idiomas. Posteriormente, han aparecido manuscritos de contenido similar a la carta impresa en Barcelona como, en 1985, una copia quizás del siglo XVI de una carta de Colón a los Reyes fechada en marzo de 1493 y que trata del mismo tema.

Estas cartas describen las islas descubiertas de **Cuba** y **La Española** y las costumbres de sus habitantes, siendo llamativa la exageración en cuanto al tamaño de las islas y sus riquezas. Sin embargo, apenas aparecen referencias al viaje en sí, llegando a omitirse incluso la pérdida de la nao capitana y llegando a contradecir en ocasiones a otras fuentes como el *Diario de a bordo*.

Tradicionalmente se ha adjudicado la autoría de las cartas impresas en 1493 al propio **Cristóbal Colón**, quien con el objetivo de defender sus intereses habría promovido su publicación. Sin embargo, según otra teoría habrían sido escritas por el mismísimo **rey Fernando** y **Luis de Santángel** inspirándose en varios informes enviados por Colón a los Reyes Católicos a su regreso. Independientemente de su auténtica autoría, tales cartas poseen una gran importancia histórica por haber sido la única fuente disponible públicamente sobre el primer viaje de Cristóbal Colón mientras este estuvo en vida.

LA SEVILLA DE CARLOS V Y FELIPE II. LA SEVILLA RENACENTISTA

Tras el crucial e importantísimo reinado de los Reyes Católicos, la monarquía española atravesó delicadas situaciones, entre las que cabe destacar la supuesta locura de **Juana de Castilla**, conocida como Juana ***la Loca***, que era la legítima heredera de la corona de Castilla, o la regencia de **Fernando *el Católico***, pero finalmente llegaría para la monarquía hispánica un periodo lleno de prosperidad con el reinado de **Carlos I de España y V del Sacro Imperio Romano Germánico, llamado «el César»**.

En él se cumpliría al fin el gran sueño de los Reyes Católicos, quienes habían llevado a cabo una política matrimonial para unir distintos reinos con las coronas de Aragón y Castilla. Carlos era hijo de **Juana de Castilla** y **Felipe el Hermoso**, por lo que llegó a convertirse en el monarca más poderoso de su época, puesto que por línea paterna heredó los dominios de sus abuelos paternos el emperador **Maximiliano I** y **María de Borgoña**, llegando a convertirse en emperador del **Sacro Imperio Romano Germánico**, y por línea materna los **reinos de Castilla y Aragón** con sus respectivos **dominios europeos** y del **Nuevo Mundo**.

Carlos I de España y V del Sacro Imperio Romano Germánico, llamado «el César», nació el 24 de febrero de 1500 en la ciudad belga de Gante. Fue educado por su tía **Margarita de Austria** y su preceptor fue **Adriano de Utrech**, quien llegaría a ser el papa Adriano VI.

Con la subida al trono español de Carlos, comenzó la famosa **dinastía de los Austrias**, que gobernaría durante los siglos XVI y XVII, conociéndose como **Austrias Mayores** a los monarcas del siglo XVI y como **Austrias Menores** a los del siglo XVII debido a sus menores dotes de mando y haber delegado las funciones de gobierno en otras personas que recibían el nombre de valido, junto a la decadencia política, social y económica que tuvo lugar en el siglo XVII en contraposición con la prosperidad del siglo precedente.

El extenso reinado de Carlos I de España y V del Sacro Imperio Romano Germánico, llamado «el César», estuvo marcado por diversas luchas y hechos que tendrían una marcada repercusión en los siglos venideros, entre los que cabe destacar su ferviente lucha contra las ideas protestantes promovidas por **Martín Lutero**, sus enfrentamientos tanto con el **rey de Francia Francisco I** como con el **sultán turco Solimán**, o sus alianzas con **el Papa** para lograr pacificar Italia. Y a nivel interno de Castilla, sobresale la lucha contra los **comuneros castellanos** que querían mantener los antiguos privilegios de sus ciudades frente al creciente poder del nuevo monarca y de sus allegados extranjeros.

Al acercarse el fin de sus días, decidió pasarlos en tranquilidad y reposo, marchándose al **monasterio de Yuste** (Cáceres), donde fallece el 21 de septiembre de 1558, aunque no sin antes resolver la herencia de sus dominios, por lo que decide abdicar en su hijo **Felipe** los reinos españoles y dejar el trono del Sacro Imperio Romano Germánico a su hermano **Fernando**.

¿Cómo era la ciudad de Sevilla durante el reinado de Carlos V?

Por un lado, el autor **Santiago Montoto** en su obra ***Biografía de Sevilla*** nos cuenta que la ciudad de Sevilla seguía manteniendo prácticamente igual su estructura medieval a la subida al trono de la nueva Casa de Austria, puesto que estaba rodeada por robustas murallas y torres y mantenía su trazado de los siglos precedentes de calles sinuosas y muy estrechas, estando algunas de ellas con soportales y voladizos. Además, Santiago Montoto habla de la existencia de bellos edificios en el casco urbano, tales como palacios, monasterios e iglesias, entre los cuales destaca el convento de San Francisco y el palacio del duque de Medina Sidonia.

Por otro lado, tenemos la suerte de contar con el testimonio de un cronista de la época, **Lucio Marineo Sículo**, que en su libro ***Cosas Memorables de España*** escribe sobre Sevilla en esos momentos, ciudad que durante los siglos XV y XVI va a sufrir enormes transformaciones y cambios al convertirse en puerta de entrada y salida del continente europeo con el nuevo continente americano.

Lucio Marineo Sículo dice de Sevilla que era una ciudad muy grande y extensa, con forma redondeada y bellas vistas, destacando sus fuertes murallas y torres. Además, alude a los numerosos templos y a los cuantiosos caballeros y señores importantes que tenía la ciudad hispalense en esos momentos. También deja constancia de la gran cantidad de ciudadanos que tenía la urbe, habiendo en esta numerosas casas, muchas plazas, grandes y bellos palacios. Y, por último, destaca, por un lado, la gran fertilidad de sus campos, sobresaliendo el cultivo de olivo y la producción de aceite, y, por otro lado, la riqueza conseguida gracias a sus tratos por vía marítima y terrestre, señalando la gran cantidad de naos que circulan por el río Guadalquivir.

¿Sabías que Carlos V eligió la ciudad de Sevilla como escenario de su boda con su prima hermana Isabel de Portugal?

Carlos V eligió la ciudad de Sevilla como escenario de su boda con su prima hermana **Isabel de Portugal**, para cuya unión debieron de pedir dispensas papales debido a su parentesco tan próximo.

El enlace matrimonial se produjo el 11 de marzo de 1526 en la ciudad hispalense cuando Carlos contaba con la edad de 26 años e Isabel de Portugal con 23, es decir, encontrándose ambos en perfectas condiciones para poder engendrar un heredero, siendo de destacar lo extremadamente costosa que resultó dicha boda tanto para el reino español como para el portugués. Y, precisamente, gracias a dicha unión el futuro hijo de ambos, **Felipe II**, pudo hacerse con la **Corona de Portugal** reclamando los derechos dinásticos maternos.

¿Sabías que Isabel de Portugal pasó por los pueblos hispalenses de Guadalcanar, Cazalla, el Pedroso, Cantillana y San Jerónimo en su camino a Sevilla para casarse con Carlos V? ¿Cómo fue recibida Isabel de Portugal en la ciudad de Sevilla?

Cuando la princesa Isabel de Portugal se dirigió a la ciudad de Sevilla con la finalidad de contraer matrimonio con Carlos V, pasó por algunos pueblos hispalenses como **Guadalcanar**, **Cazalla**, **el Pedroso**, **Cantillana** y **San Jerónimo**. Y, finalmente, entró a la ciudad hispalense por la puerta de la Macarena el 3 de marzo de 1526, junto al duque de Calabria, el arzobispo de Toledo y el duque de Béjar.

El recibimiento estuvo lleno de pompa y boato, y según palabras textuales de Ortiz de Zúñiga:

Salieron pues, los señores del Senado y regimiento de Sevilla a recibir a Su Majestad la Emperatriz, muy rica y lucidamente vestidos, con el señor asistente don Juan de Ribera y el ilustrísimo duque de Arcos, alcalde mayor de Sevilla. Salieron asimismo los muy reverendos señores del cabildo de la iglesia de Sevilla, y los egregios colegiales del insigne colegio de Santa María de Jesús; los caballeros y escribanos públicos, ciudadanos y mercaderes naturales y extranjeros, muy costosos y galanes, a mula y a caballo.

La joven Isabel recorrió entre vítores las concurridas y adornadas calles hispalenses, donde se elevaban espectaculares arcos triunfales, pudiendo recibir el cariño de los sevillanos hasta su llegaba al Alcázar donde se alojaría y esperaría la llegada de su prometido, que tendría lugar ocho días después.

¿Sabías que Carlos V e Isabel de Portugal contrajeron matrimonio en el lugar que hoy se conoce como Salón de Embajadores del alcázar hispalense? ¿Dónde se encuentra la capa pluvial con la que, según la tradición, Carlos V celebró su boda? ¿Cuánto tiempo estuvieron en Sevilla los novios y sus respectivos acompañantes?

Carlos V e Isabel de Portugal contrajeron matrimonio en la cuadra de la Media Naranja, el actual Salón de Embajadores del alcázar hispalense, y, según la tradición, la capa pluvial con la que Carlos V celebraría su boda se conserva actualmente, tras haber sido restaurada, en una vitrina ubicada en la catedral de Sevilla. Para celebrar dicha boda, se realizaron en Sevilla torneos y otros festejos que duraron varios días, aunque resulta llamativo que fuesen menos ostentosos que en otras bodas reales celebradas en la ciudad anteriormente, posiblemente por haber tenido lugar la unión durante la cuaresma y por haber fallecido por esas fechas la reina de Dinamarca.

Los novios y sus respectivos acompañantes estuvieron en la ciudad de Sevilla casi dos meses, partiendo rumbo a Granada el 13 de mayo de 1526, siendo precisamente en la ciudad granadina donde quedaría embarazada Isabel de su primer hijo, el futuro Felipe II, quien acabaría naciendo en Valladolid.

¿Sabías que la parte renacentista del ayuntamiento de Sevilla se debe a la venida de Carlos V para celebrar sus esponsales con Isabel de Portugal? ¿Sabías que el ayuntamiento de Sevilla constituye una de las muestras más notables de la arquitectura plateresca? ¿Por qué aparecen esculpidos en el arquillo dos escudos con las cinco llagas de San Francisco?

Con motivo de la llegada a Sevilla de Carlos V e Isabel de Portugal para contraer matrimonio se decidió construir un ayuntamiento nuevo, puesto que las casas consistoriales que existían en la época no estaban a la altura de tan ilustres personalidades. Por ello encargaron la realización del Ayuntamiento a **Diego de Riaño**, que realizó las obras y decoración de acuerdo al estilo renacentista conocido como **plateresco**, que debe su nombre a la similitud que guarda el labrado de la piedra con el trabajo que realizaban los orfebres en sus trabajos de platería.

Diego de Riaño ejecutó concretamente el sector meridional del Ayuntamiento, el arquillo de comunicación con el monasterio de la orden franciscana y dos plantas recubiertas de relieves platerescos con representaciones de personajes históricos y míticos, heráldicas y emblemas alusivos a los fundadores de la ciudad, como **Hércules** y **Julio César**.

Diego de Riaño colocó el edificio renacentista justo delante de la antigua **Casa Grande de San Francisco** que ocupaba antaño la actual **plaza Nueva**, por lo que, cuando dicho edificio se derribó en el siglo XIX, se decidió realizar una nueva fachada principal orientada a la plaza Nueva, de corte **neoclásico**, que sería realizada por **Demetrio de los Ríos** y **Balbino Marrón**. A pesar de que desapareció el convento franciscano, a día de hoy se puede seguir observando un detalle que nos sigue recordando la antigua conexión del arquillo del ayuntamiento renacentista con la antigua orden franciscana, puesto que en dicho arquillo aparecen dos escudos con **las cinco llagas de San Francisco**.

Ayuntamiento renacentista
y detalles de la fachada

Plaza Nueva, lugar ocupado antaño por el antiguo Convento Casa Grande de San Francisco

¿Sabías que el puerto de Sevilla tuvo el honor de servir de escenario para la salida de la expedición que daría por primera vez la vuelta al mundo y descubriría el océano Pacífico? ¿Cómo se llamaban las naves que la componían y quién estaba al mando de ella?

El 10 de agosto de 1519 el puerto de Sevilla sirvió de escenario para la salida de la expedición que daría por primera vez la vuelta al mundo y descubriría el océano Pacífico. Dicha expedición estaba compuesta por **las naves de la Trinidad**, **la Concepción**, **San Antonio** y **Nuestra Señora de la Victoria** y se hallaba al mando del portugués **Hernando de Magallanes**. Aquel trascendental viaje duró tres años, tras los cuales regresaron trayendo solamente dieciocho hombres de un total de doscientos treinta y nueve que partieron de Sevilla.

¿Sabes por qué motivo la antigua puerta de Goles pasó a llamarse *Puerta Real*? ¿Cómo fue el recibimiento de Felipe II en la ciudad hispalense?

Sevilla celebró fastuosas fiestas con motivo de la llegada de **Felipe II** a la ciudad en 1570. El monarca entró por **la puerta de Goles**, la cual pasaría a llamarse por dicho motivo a partir de entonces *Puerta Real*. A continuación, pasó por la actualmente conocida como Alfonso XII que en aquel entonces era la antigua calle de las Armas, la cual estaba suntuosamente ornamentada con telas de oro y plata, brocados, seda de diversos colores y riquísimos adornos. Se calcula que se llegaron a gastar más de doce mil ducados tan solo en el ornato de las puertas y ventanas de tal calle. Felipe II quedó deslumbrado ante tal recibimiento, al que habría que añadir los fuegos artificiales con los que se quemó una galera en la *Torre del Aceite* y un dragón voladizo en el antiguo alminar almohade hoy conocido por todos como *Giralda*.

¿Sabías por qué al célebre escritor Miguel de Cervantes se le conoce como *El manco de Lepanto*?

El célebre Miguel de Cervantes peleó en la gran batalla naval de Lepanto, la cual enfrentó a una coalición de estados europeos contra el gran Imperio Turco Otomano. Pero Cervantes salió de la batalla con una mano inutilizada, y fue por esa razón que recibió el apodo de *El manco de Lepanto*.

¿Tenías constancia de que la ciudad de Sevilla erigió un túmulo funerario en honor a Felipe II tras su fallecimiento que tardó en construirse cincuenta y dos días?

Cuando falleció **Felipe II** en El Escorial el 13 de septiembre de 1598 se ordenó publicar su muerte con trompetas y tambores en todas las ciudades y organizar en estas solemnes actos funerarios. Pero, de todas las ciudades, fue Sevilla con diferencia la que más dinero y esfuerzos derrochó a la hora de rendir homenaje al recién fallecido Felipe II, suponiendo un considerable dispendio para las arcas municipales hispalenses. Se levantó un fastuoso **túmulo funerario** que estaba constituido por varios cuerpos, columnatas, esculturas y pinturas, y para cuya construcción fueron necesarios cincuenta y dos días.

En esta obra intervinieron una gran parte de artistas sevillanos, entre los que destaca **Juan Martínez Montañés**. Además, en él participaron artistas tan reconocidos como los pintores **Francisco Pacheco y Vasco Pereira** que adornaron el monumento con pinturas alusivas a la famosa batalla naval de Lepanto.

En el altar de mármol blanco que sostenía la urna de alabastro que se hallaba en el segundo cuerpo del monumento se encontraban grabadas unas inscripciones en latín. En un lado aparecía: *QUAM BREVIS URNA CAPIT, CUI BREVIS ORBIS ERAT!* (¡En cuán pequeña urna cabe, para quien el orbe todo era pequeño!), y en el otro: *NON EST HIC, NAM REGNAT INTER SUPEROS* (No está aquí, pero reina entre los santos).

¿Sabías que Miguel de Cervantes colaboró con Juan Martínez Montañés con motivo del túmulo de Felipe II que se realizó en Sevilla con motivo de la muerte del monarca?

Gracias a la realización de esta arquitectura efímera estuvieron unidas por un mismo motivo dos grandes personalidades de las artes y las letras. A **Juan Martínez Montañés** le encargaron diecinueve esculturas de gran medida y a **Miguel de Cervantes** un escrito para leer delante del túmulo, un soneto titulado: ***Al túmulo del rey Felipe II***, que él escribió en tono satírico, motivo por el cual fue muy comentado entre el círculo cultural de Sevilla.

¿Conoces el célebre e irónico soneto que Miguel de Cervantes dedicó al túmulo funerario de Felipe II que fue levantado en Sevilla?

Dicho túmulo captó la atención de varios escritorios del Siglo de Oro Español e incluso se escribió un libro entero sobre él en 1611 por el escritor Francisco Jerónimo Collado, aunque es más conocido por el siguiente soneto con estrambote de **Miguel de Cervantes**:

Al túmulo del Rey Felipe II que se hizo en Sevilla:

Voto a Dios que me espanta esta grandeza
y que diera un doblón por describilla,
porque ¿a quién no sorprende y maravilla
esta máquina insigne, esta riqueza?

Por Jesucristo vivo, cada pieza
vale más de un millón, y que es mancilla
que esto no dure un siglo, ¡oh gran Sevilla,
Roma triunfante en ánimo y nobleza!

Apostaré que el ánima del muerto
por gozar este sitio hoy ha dejado
la gloria donde vive eternamente.

Esto oyó un valentón y dijo: "Es cierto
cuanto dice voacé, señor soldado,
Y el que dijere lo contrario, miente."

Y luego, incontinente,
caló el chapeo, requirió la espada
miró al soslayo, fuese y no hubo nada.

¿Sabías que en el siglo XVI se celebraron diversas fiestas taurinas en Sevilla coincidiendo sobre todo con las festividades de Santa Justa y Rufina? ¿Tenías constancia de que Sevilla celebró corridas de toros a pesar de la oposición a las mismas por parte de reyes y pontífices? ¿Sabías que en la década de los 90 del siglo XVI se celebraron varias corridas de toros en Sevilla a pesar de la prohibición del arzobispo Rodríguez de Castro?

En el siglo XVI se celebraron en diversas ocasiones fiestas taurinas organizadas por determinadas hermandades, como la de Santa Ana, o el Ayuntamiento, coincidiendo sobre todo con las festividades de Santa Justa y Rufina. A veces llegaban a durar ocho días y no era raro que llegaran a lidiarse hasta cincuenta toros.

Al no existir en aquella época una plaza estable para desarrollar tales fiestas taurinas, a veces tenían lugar en el matadero o en cosos desmontables que se alzaban en las plazas del Duque, San Francisco o del Salvador, o frente al Alcázar.

Sin embargo, lo realmente curioso es que dichas corridas se celebraran en Sevilla llegando a contradecir en ocasiones lo establecido por los reyes y papas. Un primer ejemplo lo tenemos en Isabel la Católica, a la cual no le gustaban los toros y por ello tal fiesta fue condenada por diversos pontífices como Pio V, Gregorio XIII, Sixto V y Clemente VIII, sin que lograran erradicarla. Y un segundo ejemplo lo tenemos en lo sucedido en la década de los 90 del siglo XVI, cuando se celebraron varias corridas de toros a pesar de la prohibición del arzobispo Rodríguez de Castro.

¿Cuál fue el teatro más prestigioso de Sevilla en el siglo XVI? ¿A quién debemos la introducción de las entradas de teatro y sus distintos precios? ¿Sabías que en la segunda mitad del siglo XVI las autoridades se vieron obligadas a intervenir porque la gente dejaba de ir a trabajar para asistir a los espectáculos teatrales de un famoso italiano?

En el siglo XVI había en la ciudad de Sevilla varios teatros, pero el más prestigioso y famoso fue, según Francisco Morales Padrón, el *Corral de Don Juan*, que se situaba en la calle Borceguinería —actual Mateos Gago— y cuyo dueño fue Ponce de León desde el año 1550. En el Corral de Don Juan actuaron Lope de Rueda, la compañía «Los Celosos» y el famoso italiano Alberto Naser de Ganassa, quien influyó mucho y a quien debemos la introducción de las entradas y sus distintos precios —la silla a un real, la entrada a un real y el asiento de banco a un cuarto de real—. Ganassa era tan admirado que muchos abandonaban incluso sus trabajos para ir a disfrutar de sus comedias a la usanza italiana, sus mímicas y sus bufonerías, títeres y juegos de manos, motivo que obligó a las autoridades a autorizarle funciones solo los domingos y festivos.

¿Sabías que en el lugar donde se levantó la Casa de la Moneda hubo antaño un teatro de madera?

En el lugar donde se levantó la Casa de la Moneda hubo antaño un teatro de madera que costó más de dos mil ducados. Se trataba del ***Teatro de las Atarazanas***, donde se llevaron a cabo representaciones dramáticas de **Juan de la Cierva**. Duró solo nueve años porque en 1585 lo suprimieron para levantar en su lugar la Casa de la Moneda.

¿Sabías que Sevilla tuvo su propia revuelta de los Comuneros? ¿Cuáles fueron las verdaderas razones de tal rebelión?

Juan de Figueroa, que precisamente era hermano del **duque de Arcos**, fue el cabecilla y promotor de la revuelta de los Comuneros en Sevilla el 16 de septiembre de 1520. Juan de Figueroa consiguió gente del pueblo llano para que saquearan las casas donde vivían los judíos conversos y apoyaran a los comuneros castellanos que se oponían a Carlos V. Los amotinados juraron ahorcar sin mayores miramientos a los comerciantes, abades y hombres de posibles que se negaran a darles dinero. Juan de Figueroa fue seguido por unos setecientos hombres del pueblo llano e incluso contó con el apoyo de algunas autoridades. Sacó dos cañones del palacio de su hermano y se dirigió al Alcázar, edificio que acabó tomando, además de prender al **alcalde Juan de Portugal**. Esto acabó asustando a varios ricos comerciantes que se encontraban en la actual **avenida de la Constitución**, antaño conocida como **calle Génova**, que acabaron redactando un documento que viene a demostrar la falta de autoridad que había en Sevilla en esa época: ***pues que la justicia está tan flaca que no nos quiere amparar o defender, e si puede no lo quiere hazer***.

Cuando la familia del **duque de Medina Sidonia** tuvo noticias de lo ocurrido, dos mujeres encabezaron a sus miembros y con ayuda de sus más fieles allegados, se enfrentaron a la revuelta para terminar recuperando el Alcázar, liberando a su alcalde y apresando a Juan de Figueroa, mientras todos los demás sublevados conseguían escapar y huir al campo.

Es curiosa la alusión que a la revuelta realiza el duque de Medina Sidonia en una de sus cartas: *que esta comunidad no la començava a alçar un oficial ni un herrero, como han fecho en otras partes, syno una persona de calidad y manera.*

A pesar de no haber llegado a veinticuatro horas, la revuelta tuvo la suficiente trascendencia política dentro del contexto general del reino, como para que llamara la atención de instituciones y cronistas, además de haber quedado para siempre en la memoria popular hispalense.

La revuelta de los Comuneros en Sevilla tuvo lugar el 16 de septiembre de 1520 y se entendió como un hecho más de los movimientos comuneros ocurridos en diversos lugares de Castilla. Sin embargo, los coetáneos y la posterior historiografía han interpretado dicho episodio como un eslabón más de la larguísima cadena de conflictos entre **los Ponce de León** —en esos momentos, duques de Arcos— y **los Guzmán** —entonces duques de Medina Sidonia—, pues el líder de la revuelta era un hermano del duque de Arcos y la reacción fue protagonizada por miembros de la casa de Medina Sidonia.

Por lo tanto, tal revuelta surgió, por un lado, como consecuencia de las antiguas disputas y rivalidades entre las casas de **los duques de Medina Sidonia** —los Guzmanes en otros tiempos— y la de **los duques de Arcos** —los Ponce de León antaño—, las cuales habían constituido durante siglos influyentes partidos políticos que pugnaban por conseguir el poder en la ciudad hispalense. Por otro lado, habría que señalar que el hecho de que el pueblo llano viese cómo algunos judíos conversos ocupaban cargos municipales no fue realmente la razón de la revuelta, aunque se haya defendido tal tesis en innumerables ocasiones, sino los **problemas de abastecimiento** que habían condenado a la situación marginal y a la hambruna a las clases hispalenses más desfavorecidas, mientras los nobles y los ricos presumían de sus riquezas.

¿Has oído alguna vez hablar del *Motín del Pendón Verde*?

El ***Motín del Pendón Verde*** es el nombre que recibe una revuelta popular que hubo en Sevilla en el año 1521, concretamente en el entorno de la actual calle Feria, y donde los amotinados reclamaban **trigo y otros alimentos** para su manutención. Dicha revuelta duró tres días y su nombre se debe a que los amotinados entraron dentro de la Iglesia de ***Omnium Santorum*** y tomaron como bandera de su rebelión un pendón de color verde que llevaba varios siglos allí en la iglesia. Dicho pendón se ubicaba en la capilla que pertenecía a la **familia Cervantes**, algunos de cuyos miembros se habían apoderado de este pendón que pertenecía a los musulmanes en una batalla ocurrida bajo el reinado de Alfonso X ***el Sabio***. Los amotinados se dirigieron primero al Ayuntamiento con la intención de saquear la ciudad. Al siguiente día continuaron los tumultos y el pueblo cogió armas de la casa de Niebla para asaltar la cárcel y liberar a los reclusos. Al tercer día la nobleza y las autoridades hispalenses lograron frenar con éxito aquella revuelta, impidiendo con ello que las clases populares acabaran tomando el poder.

¿Sabías que Sevilla y Lisboa fueron las dos ciudades europeas con mayores colonias de esclavos?

Los esclavos eran un colectivo muy marginado en la ciudad hispalense. Sevilla y Lisboa fueron las dos ciudades europeas con mayores colonias de esclavos, siendo la mayor parte de ellos **africanos**, aunque también había **canarios** y **americanos**. En la segunda mitad del siglo XVI se estima que un seis por ciento de los habitantes sevillanos eran esclavos, que eran empleados como **sirvientes domésticos**, **amas de cría**, **prostitutas**, **albañiles** e incluso como **criadas de monjas de clausura**. Los propietarios no solo eran dueños de los esclavos sino de los hijos que estos tuvieran, motivo que llevó a algunos propietarios esclavistas a tener relaciones sexuales para engendrar **mulatos**.

El precio para poder adquirir los esclavos dependía de su constitución física, valiendo sobre veinte ducados a principios del siglo XVI y elevarse luego a ochenta o cien ducados.

A los esclavos se les diferenciaba por su color y su atuendo, y solían llevar tatuadas en la mejilla una S y un clavo —de donde procede el nombre de esclavos—, una flor de lis, una estrella, las aspas de San Andrés o el nombre de su amo.

¿Sabías que el *Giraldillo* fue la escultura en bronce más grande del Renacimiento europeo? ¿Por qué se conoce como *Giralda* al antiguo alminar de la mezquita almohade de Sevilla?

El ***Giraldillo*** es la escultura realizada en bronce que se alza sobre una bola llamada tinaja en la cúspide de la torre que antaño fue el alminar de la mezquita aljama almohade de Sevilla y que hoy día es conocida por todos como ***Giralda***. Fue la escultura en bronce más grande de todo el Renacimiento europeo.

El nombre originario que recibió al ser realizada en 1568 fue **«Triunfo de la Fe Victoriosa»**, o sencillamente **«Fe»**. Sin embargo, no transcurrió mucho tiempo antes de que empezase a ser llamada Giralda —literalmente, «que gira»—, pasando así por extensión a denominar a toda la torre con este nombre. Posiblemente, a finales del siglo XVI, comenzaría a designarse como Giralda al antiguo alminar rematado por el campanario renacentista, tal y como queda constatado en varios testimonios escritos como ***El viaje imaginario*** de Agustín de Rojas Villandandro (1603) o en ***El Quijote***, de Miguel de Cervantes, que residió en la ciudad desde 1588. De este modo, la torre empezó a llamarse, pues, Torre de la Giralda y la escultura de bronce que recibió primeramente el nombre de Giralda devino entonces en ***Giraldillo***, nombre con el que se le sigue conociendo en la actualidad.

Vista de la Giralda desde la calle Mateos Gago

Giralda

¿A quién debemos la realización del emblemático *Giraldillo*?

El probable diseñador de la escultura fue **Luis de Vargas**, conocedor de los modelos italianos. También intervino el arquitecto que estaba realizando obras en la Giralda, Hernán Ruiz *el Joven*. Y probablemente, también intervino el propio fundidor, **Bartolomé Morel**, que realizó la escultura en 1568. En cualquier caso, todos los nombrados, además de **Juan Bautista Vázquez *el Viejo***, ayudaron a introducir el manierismo romano en Andalucía[1].

¿Sabías que la Giralda fue durante siglos la torre más alta de España e incluso una de las construcciones más elevadas y famosas de toda Europa?

La Giralda tiene una altura de 101 m. incluyendo la escultura de bronce del Giraldillo, teniendo la torre una altura de 97,5 metros y la escultura del Giraldillo 3,5 metros. Fue durante siglos la torre más alta de España y una de las construcciones más elevadas y famosas de toda Europa. Por ejemplo, la famosa **Torre de Pisa** mide 55,8 metros y **el Big Ben** de Londres 96,3 metros.

---

1. MARÍA JESÚS SANZ Universidad de Sevilla. España. «El Giraldillo, La Mujer Guerrera, y su relación con la pequeña escultura».

¿Eras consciente de que la catedral de Sevilla tiene veinticuatro campanas? ¿Sabías que cada una de las campanas de la catedral hispalense tiene su propio nombre?

1 San Juan Bautista	2 Santa Lucía	3 Santa Catalina	4 San José
5 San Laureano	6 San Pedro	7 San Juan Evangelista	8 Santa Inés
9 Omnium Sanctorum	10 Santa Bárbara	11 San Isidoro	12 San Miguel
13 San Pablo	14 Santa Cecilia	15 Santa Cruz	16 Santa Florentina
17 San Sebastián	18 San Cristóbal	19 San Fernando	20 Santa Justa
21 Santiago	22 Santa Rufina	23 San Hermenegildo	24 Sta. María, la Mayor

Rodeando la catedral de Sevilla hay columnas entrelazadas entre sí por cadenas de hierro. Pero, ¿cuál es la razón de ser de dichas cadenas? ¿Estuvieron siempre ahí? ¿Sabes por qué el relieve renacentista de la puerta del Perdón de la Catedral representa el hecho evangélico de *La expulsión de los mercaderes del templo*? ¿Qué relación guardan las cadenas que rodean la Catedral con el origen de uno de los edificios más famosos de Sevilla? ¿Sabías que el Archivo de Indias fue antaño la Antigua Casa Lonja de los Mercaderes de Sevilla?

Hasta mediados del siglo XVI en Sevilla existían muchos y variados organismos de justicia. Ello conllevaba que los conflictos sobre las diferentes jurisdicciones estuvieran garantizados.

Por lo general, la justicia ordinaria tenía fama de ser muy dura. Por ello, es comprensible que cada cual buscara el amparo del tribunal que más le convenía.

De este modo, los soldados se acogían al foro militar y los curas al tribunal eclesiástico... Y luego estaban, como no, los que no tenían a que acogerse, por lo cual utilizaban el llamado «**derecho de asilo**». Este impedía a la justicia ordinaria entrar en los lugares sagrados para detener a los presuntos delincuentes.

Es curioso saber que el «**asilo en sagrado**» tenía antecedentes en muchos pueblos antiguos, como habían sido los **egipcios** o los **griegos**. Estos reconocían un «derecho de asilo» en los templos. Consistía en brindar protección, hasta cierto punto, a los delincuentes o acusados de delitos frente a la acción legal.

Este principio fue adoptado más tarde por **la iglesia cristiana**, desarrollándose diversas normas y regulaciones para acogerse a la protección. En España, el derecho de asilo fue legislado por distintos reyes desde la época de **Teodorico II** (siglo V). Además, fue estudiado por grandes juristas como **Isidoro de Sevilla**. Incluso llegó a tierras americanas de la mano de las leyes y costumbres españolas.

De este modo, para saber dónde comenzaba la jurisdicción eclesiástica y terminaba la jurisdicción civil se colocaron en año 1.565 las **cadenas que rodean la Catedral de Sevilla**, dando comienzo el derecho de asilo. Así, una de las razones por las que se pusieron las cadenas era para marcar el territorio considerado eclesiástico para el «derecho de asilo» de los que huían de la justicia civil.

Otra de las razones por las que se colocaron las cadenas es al mismo tiempo el curioso origen de uno de los edificios más famosos de Sevilla.

Los **mercaderes** llevaban muchísimo tiempo que venían utilizando **las gradas de la catedral hispalense** como lugar para tratar sus asuntos comerciales y todo lo que su trabajo conllevaba. A veces, cuando las inclemencias del tiempo dificultaban el trabajo a la intemperie, los mercaderes no tenían reparo en entrar al templo sagrado para encontrar cobijo y, por supuesto, para seguir allí dirimiendo sus asuntos.

Cadenas de la catedral

Es comprensible que los sacerdotes no estuviesen muy a gusto con la situación. Sobre todo, teniendo presente que Jesús, su máximo ejemplo de comportamiento, había expulsado enfurecido a los mercaderes del templo. Y es curioso que sea precisamente este tema el que se representa en el **relieve** del siglo XVI de la **puerta del Perdón** de la catedral hispalense, puesto que en dicho siglo se cristianizó la antigua puerta almohade del siglo XII, principalmente con el añadido de las esculturas de **san Pedro**, **san Pablo**, **el arcángel san Gabriel**, **la Virgen María** y el relieve mencionado anteriormente.

Puerta del Perdón de la Catedral de Sevilla con añadidos renacentistas

San Pablo

San Pedro

A todo esto, hay que añadirle que algunos de los mercaderes llegaban a entrar incluso en el templo a lomos de sus caballos y, claro, los pobres animales, desconocedores de estar pisando suelo sagrado, pues hacían sus necesidades cuando sus cuerpos se lo pedían sin tener en consideración el lugar. Evidentemente, esto ya era demasiado para los sacerdotes. Por consiguiente, decidieron colocar las cadenas para tratar de impedir que los mercaderes entraran con sus cabalgaduras en los días de mal tiempo, al templo.

No obstante, cuando pasó un tiempo, los sacerdotes desesperados acudieron ante el mismísimo rey **Felipe II** para pedirle ayuda. Así, el rey, máximo defensor de la Iglesia Católica, además de buen cristiano, dio una solución satisfactoria para todos. Sobre todo, para los clérigos de la catedral de Sevilla.

Expulsión de los mercaderes del templo

Archivo de Indias

Felipe II encargó al gran arquitecto **Juan de Herrera** la construcción de un edificio para que en su interior se reunieran los mercaderes. Así, tuvo lugar la creación del famoso Archivo de Indias. Sin embargo, hay que recordar que en sus orígenes fue la **Antigua Casa Lonja de los Mercaderes**. Este fue el motivo de su creación, aunque en el siglo XVIII **Carlos III** decidiese la creación del **Archivo de Indias**.

De este modo, un suceso relacionado con la catedral de Sevilla acabaría dando lugar al edificio que hoy conocemos como el Archivo de Indias.

¿Sabías que al autor de la Custodia Procesional de Sevilla se le ha denominado el «CELLINI» Español?

Juan de Arfe y Villafañe fue un conocido orfebre español del siglo XVI. Era de origen alemán y perteneció a una saga que tenía una gran tradición en la orfebrería. No obstante, su padre —llamado Antonio— no tuvo mucha relevancia en este oficio. Sin embargo, su abuelo, **Enrique de Arfe**, sí alcanzó una mayor fama. El apellido «**Arfe**» deriva de la localidad alemana de **Harff**, de donde procedía la familia. Juan fue, principalmente, constructor de custodias procesionales de plata y de estatuas de metal dorado.

Las obras de Juan de Arfe son consideradas la cumbre de la orfebrería española, hasta tal punto que a su autor se le ha denominado **el «Cellini» español**.

Benvenuto Cellini fue un escultor, orfebre y escritor italiano del siglo XVI. Se convirtió en uno de los orfebres más importantes del **Renacimiento italiano**. Realizó monedas labradas, joyas, floreros, adornos exquisitos y piezas de gran valor artístico. Además, en Roma fue discípulo de **Miguel Ángel** durante un corto periodo de tiempo y trabajó para las principales familias de la aristocracia romana. Destacan entre sus obras el famoso ***Salero de Francisco I de Francia***, conservado en Viena.

Entre la prolífica obra de **Juan de Arfe** destacan una serie de **custodias catedralicias**. Cuatro de ellas se conservan actualmente: la de la **catedral de Valladolid**, la de la **catedral de Ávila**, la que está en el **Museo de Santa Cruz de Toledo** o la de la **catedral de Sevilla**.

La custodia de la catedral de Sevilla es una obra maestra de orfebrería. Tiene más de tres metros de altura y más de trescientos kilos de plata. Curiosamente, fue diseñada por **el canónigo Francisco Pacheco**. Este fue el tío del pintor homónimo Francisco Pacheco que sería maestro y suegro de Diego Velázquez. Afortunadamente, dicha custodia ha llegado intacta hasta nuestros días, salvo pequeñas modificaciones.

¿Sabías que la Alameda de Hércules está considerada como el más antiguo jardín público de España y de Europa? ¿Sabías que las columnas de la Alameda se consideran el primer monumento público levantado en la ciudad de Sevilla?

La **Alameda de Hércules** es una importante alameda o jardín público localizado en el centro histórico de Sevilla. Debido a su antigüedad (1574) se considera **el más antiguo jardín público de España y de Europa**, a pesar de que cuatro años antes, en el año 1570, se construyó uno anterior hoy desaparecido: el Paseo del Prado de Madrid totalmente transformado en un paseo de salón durante el reinado de Carlos III.

El origen de la Alameda se encuentra en el antiguo cauce del río Guadalquivir que comenzaba su entrada por la zona de la Alameda y terminando en la zona de la Catedral. La Alameda era una zona baja en la que se acumulaba el agua del río cuando este se desbordaba, dando lugar a una **laguna de agua estancada**. Esto cambiaría gracias al **conde de Barajas** en 1574, que drenó con acequias los terrenos donde se iba a construir la alameda, los cuales se inundaban a menudo por los desbordamientos del río, los remanentes de las fuentes públicas y las aguas residuales.

En el extremo sur de la Alameda destacan aún hoy día las dos **columnas romanas** que fueron colocadas en 1574 por orden del **Asistente de la Ciudad**, **Don Francisco Zapata Cisneros**, **conde de Barajas**, a la Alameda de Hércules para alzar sobre ellas las **esculturas renacentistas** realizadas por **Diego de Pesquera** de los fundadores míticos hispalenses —**Hércules y Julio César**—. Estas columnas provenían de un edificio, normalmente considerado templo, ubicado en la calle Mármoles, llamada así por las columnas romanas que se encontraron en el lugar y de las que aún existen tres. Incluso se cree que tal vez estas columnas pudieron haber sido reutilizadas y que en su origen pudieran haber pertenecido al edificio de ***Itálica*** conocido como ***Traianeum***.

Sobre las columnas de la Alameda se colocaron dos esculturas realizadas por Diego de Pesquera, de Hércules y Julio César, personajes estrechamente vinculados a los orígenes hispalenses. Pero, además, dichas esculturas aludían simbólicamente a los dos monarcas de la nueva dinastía de los Austrias, por lo que **Hércules** representaría al emperador **Carlos I** y **Julio César** a su hijo **Felipe II**.

Las columnas de la Alameda se consideran el **primer monumento público** levantado en la ciudad de **Sevilla** con un programa iconográfico muy definido.

Columnas de la Alameda de Hércules y esculturas renacentistas de Julio César y Hércules

Alameda de Hércules

MEMORIA PASSIONIS EIVS
OMNIS TERRA ADORET TE.

LA SEVILLA DEL SIGLO XVII

En el siglo XVII reinaron los llamados **Austrias Menores**, denominados así en contraste con los reinados de Carlos V y Felipe II, conocidos como los Austrias Mayores.

Tras morir Felipe II en el año 1598, subió al trono su hijo **Felipe III**, quien tuvo la inmensa suerte de heredar de su padre uno de los mayores imperios que ha existido en la historia universal. Felipe III se convirtió en rey con tan solo veinte años de edad, apoyándose para gobernar en su valido, **el duque de Lerma**, quien acabaría aprovechando la afición del monarca a la caza y la dejadez de este para prosperar y enriquecerse.

Al morir Felipe III, en el año 1621, subió al trono su hijo **Felipe IV**, quien tuvo dos esposas legales —**Mariana de Austria** e **Isabel de Borbón**— y se apoyó en su valido el **conde-duque de Olivares**, que tenía una fuerte vinculación con Sevilla, lo que acabaría facilitando al pintor sevillano **Diego Velázquez** que fuese nombrado **pintor de cámara del Rey**.

Y, finalmente, el último rey de la dinastía de los Austrias fue **Carlos II**.

En el siglo XVII hubo en la ciudad hispalense importantes historiadores y analistas, entre los cuales resultan fundamentales las figuras de **Espinosa de los Monteros**, **Rodrigo Caro** y **Ortiz de Zúñiga** para poder conocer el pasado de la ciudad de Sevilla.

Según muchos autores hubo en Sevilla durante el siglo XVII un gran número de vagos y pícaros. Pero no solo los bajos estratos de la sociedad cometían delitos, sino que muchas veces también se vieron envueltos miembros del clero, de la nobleza y de la burocracia oficial.

¿Desde cuándo se venía celebrando en Sevilla la fiesta litúrgica de la Inmaculada? ¿Sabías que durante el reinado de Felipe III tuvo lugar en Sevilla la conocida como «Guerra Concepcionista»? ¿Tenías constancia de que la llamada *Guerra Mariana* fue comenzada por un fraile dominico?

Durante el reinado de **Felipe III** tuvo lugar en Sevilla la conocida como «**Guerra Concepcionista**», que tuvo una gran trascendencia para las creencias religiosas de los sevillanos de aquel momento y para los siglos venideros.

Para comprender aquellos hechos hispalenses, habría que tener presente que, hasta mediados del siglo XIX, la Iglesia Católica no estableció como **dogma de fe la creencia de la concepción sin mancha de la Virgen María**, que defendía que la Virgen había sido concebida sin el pecado original que corresponde a todos los seres humanos. Sin embargo, ya desde el siglo X se tenía devoción dentro de la cristiandad a **María Inmaculada**, lo que originó un conflicto teológico entre los defensores y los detractores de tal creencia que se mantuvo a lo largo de los siglos. Entre los defensores se hallaban los **franciscanos** y entre los detractores, los **dominicos**, quienes, además, no aceptaban de buen grado la virginidad de María, al menos como una doctrina oficial de la Iglesia. Finalmente se acabaría respetando la creencia de la virginidad de María, aunque sin que pasara a ser dogma de fe, cuando el franciscano **Francisco de Róvere** en 1475, después de convertirse en el papa **Sixto IV**, autorizó la **celebración litúrgica de la Inmaculada**, llegando incluso a otorgar **indulgencias** a las personas que la celebraran.

Retornando a la ciudad de Sevilla, hay que señalar que la fiesta de la Inmaculada se venía celebrando en la catedral al menos desde la mitad del siglo XIV. Además, algunas **hermandades sevillanas** llevaban entre sus títulos la **advocación de Nuestra Señora de la Concepción**.

El causante de la llamada por algunos autores *guerra mariana* fue un **fraile dominico**, quien, en el año 1613, durante un sermón en el convento dominico que había en la calle Regina defendió ardorosamente desde el púlpito que la madre de Jesucristo «**había sido concebida como ustedes y como yo, y como Martín Lutero**», lo que provocó un gran escándalo en la ciudad de Sevilla, dando lugar a la antes mencionada *guerra mariana* o *explosión concepcionista*, tal y como la denominan otros autores, donde participaron las hermandades y cofradías, además de varias órdenes religiosas que vieron una gran ocasión para despojar de poder a la entonces poderosa orden de los dominicos.

Fue tal la furia levantada en Sevilla por aquellas palabras y el gran fervor concepcionista que se despertó, que llegaron a apedrear en la calle a un fraile trinitario al confundirlo con el fraile de Regina, además de hacerse famosa en la ciudad entera la siguiente coplilla:

Aunque le pese a Molina
y a los frailes de Regina,
al Prior y al Provincial
y al Padre de los anteojos,
sacados tenga los ojos
y él colgado en un peral,
fue María concebida
sin pecado original.

¿Sabes quién fue Miguel Cid? ¿Qué importancia tuvo este personaje para la ciudad de Sevilla? ¿Qué famosa obra de Murillo inspiró el monumento a la Inmaculada erigido en la plaza del Triunfo?

Había en la ciudad de Sevilla un poeta y fabricante de sayales llamado **Miguel Cid**, que escribió con motivo de la ***guerra concepcionista*** unos famosos versos que se difundieron rápidamente por toda la ciudad, convirtiéndose en el himno de todo aquel que defendiera **la Inmaculada Concepción de María**:

Todo el mundo en general,
a voces, reina escogida,
diga que sois concebida,
sin pecado original.

Sevilla tiene dedicada una calle a Miguel Cid en el barrio de San Lorenzo y, además, le rinde homenaje en el famoso **monumento dedicado a la Inmaculada Concepción** que se encuentra en la plaza del Triunfo.

Dicho monumento se inspiró en la **Inmaculada** que **Murillo** pintó para la **iglesia del hospital de los Venerables Sacerdotes de Sevilla**, obra que fue robada por las tropas francesas, luego pasó al Museo del Louvre y finalmente recuperó el Museo del Prado. En el monumento dedicado a la Inmaculada Concepción aparecen esculpidos cuatro personajes claves relacionados con la defensa y difusión de la creencia de la Concepción de María: el teólogo jesuita **Juan de Pineda**, el escultor **Juan Martínez Montañés**, el pintor **Bartolomé Esteban Murillo** y el poeta **Miguel Cid**.

Monumento a la Inmaculada

Detalle de Juan Martínez Montañés del monumento a la Inmaculada

¿Sabías que Sevilla se convirtió en el siglo XVII en defensora a ultranza de la devoción concepcionista? ¿Tenías constancia de que una comisión sevillana incluso viajó a Roma para defender tal creencia? ¿Sabías que incluso un negro llegó a vender su libertad para que su cofradía pudiera costear las actividades en defensa del misterio concepcionista?

Sevilla se convirtió en el siglo XVII en defensora a ultranza de la devoción concepcionista. De hecho, fue tal el fervor mariano que, según Espinosa de los Monteros, *no quedó iglesia, lugar público, ni puerta de casa donde no se colocara la inscripción de* «*María concebida sin pecado original*», además de acompañarse de luces y de bellas imágenes de la concepción. E incluso la cofradía de la Santa Cruz de Jerusalén se comprometió mediante voto a creer y hasta dar la vida por dicha creencia si era necesario.

En el año 1617, **una comisión sevillana** partió hacia Roma, con el apoyo real de **Felipe III**, llegando a obtener un breve del **papa Paulo V** donde se prohibía realizar públicamente manifestaciones donde se pusiera en tela de juicio la concepción de María sin pecado original, siendo recibida la noticia en Sevilla con solemnes cultos y cánticos. Y tan solo cinco años después, el **papa Gregorio XV** llegaría a prohibir a todos los católicos que pudieran cuestionar o dudar en privado sobre la concepción inmaculada de María.

Sin embargo, tales prohibiciones papales no fueron recibidas con agrado por todo el mundo y en 1653 tuvo lugar en Madrid otro desacato contra el misterio concepcionista, provocando que Sevilla defendiera nuevamente tal creencia y que intentase desagraviar a María mediante costosas manifestaciones y funciones religiosas. De hecho, a consecuencia de esto tuvo lugar un curioso hecho en la conocida hoy como ***Hermandad de los Negritos***, y es que un negro llegó a vender incluso su libertad para que su cofradía de Nuestra Señora de los Ángeles pudiera costear las actividades en defensa del misterio concepcionista.

¿Sabías que el rey Felipe IV solo visitó Sevilla una sola vez durante su reinado y que su política con dicha ciudad fue básicamente la de pedir dinero constantemente?

Felipe IV visitó la ciudad de Sevilla tan solo una vez, concretamente en el año 1624, y su política con dicha ciudad consistió principalmente en pedirle constantemente dinero, siendo de señalar que en 1625 obtuvo del Cabildo hispalense la cuantiosa cifra de quinientos mil ducados junto a dos mil soldados pagados durante un año en Italia, provocando que las arcas municipales se resintiesen enormemente.

¿Por qué el año 1626 es conocido en Sevilla como «el año de la lluvia»?

El año 1626 fue conocido en Sevilla como «**el año de la lluvia**» porque tuvo lugar una terrible tormenta y fuertes lluvias que acabaron provocando la inundación de la ciudad, al desbordarse el río Guadalquivir. Los frailes y monjas de clausura se vieron obligados a abandonar sus conventos, se vieron afectadas más de ocho mil casas y muchos sevillanos se refugiaron en la Catedral, donde incluso mujeres embarazadas llegaron a dar a luz a sus criaturas. Sin embargo, otra inundación aún peor fue la de 1683, donde la altura del agua en las calles llegó a superar una vara y media respecto a la anterior inundación de 1626.

¿Tenías constancia de que en el año 1649 hubo en Sevilla una horrible epidemia de peste que se llevó por delante unas sesenta mil personas?

En el año 1649 hubo en Sevilla una horrible epidemia de peste que fue provocada por fardos traídos en un barco desde **Alicante** y asoló de tal forma la ciudad que se llegó a cobrar la vida de sesenta mil personas, teniendo graves secuelas para los años venideros, pues el comercio se vio arruinado, los campos se vieron sin braceros y las rentas no pudieron cobrarse durante años.

¿Sabías que con motivo de la canonización de San Fernando en 1671 se erigió un «Triunfo» en el interior de la catedral de Sevilla?

Con motivos de la **canonización** de **Fernando III de Castilla** en 1671 se erigió un «**Triunfo**» —construcción de arquitectura efímera— en el interior de la catedral de Sevilla. En esta obra artística efímera participaron grandes artistas como **Bernardo Simón de Pineda** en la estructura arquitectónica, **Valdés Leal** en el diseño y pintura, y **Pedro Roldán** en escultura.

¿Cuántas parroquias y conventos había en Sevilla a principios del siglo XVII? ¿Sabías que en el siglo XVII se llegaban a celebrar procesiones a veces casi a diario?

Según el profesor **Morales Padrón**, a principios del siglo XVII había en Sevilla cien mil habitantes y tenía veintitantas parroquias y cuarenta y siete conventos. Había una gran religiosidad popular, llegando a producirse innumerables procesiones, a veces incluso a diario y especialmente en épocas de desgracias.

¿Qué grandes pintores y escultores hubo en la ciudad de Sevilla en el siglo XVII?

Entre los grandes pintores que hubo en Sevilla en el siglo XVII destacan **Diego Velázquez**, **Francisco de Zurbarán**, **Bartolomé Esteban Murillo** y **Juan Valdés Leal**, existiendo en Sevilla importantes obras de los tres últimos.

Y entre los escultores, sobresalieron **Juan Martínez Montañés**, **Juan de Mesa** y **Francisco Antonio Ruiz Gijón**, pudiendo contemplarse actualmente en la ciudad bellas imágenes de los tres, principalmente procesionales. Además, los dos primeros tienen dedicados un monumento.

La ciudad de Sevilla rinde homenaje a tales artistas elevando en algunas de sus plazas un monumento con la efigie de ellos: **Martínez Montañés** preside la **plaza del Salvador**, **Juan de Mesa** la **plaza de San Lorenzo**, **Esteban Murillo** la **plaza del Museo**, **Zurbarán** la **plaza de Pilatos**, y **Velázquez** la **plaza del Duque**.

Monumento a Juan de Mesa

Monumento a Juan Martínez Montañés

Monumento a Diego Velazquez

Monumento a Bartolomé Esteban Murillo

Museo de Bellas Artes de Sevilla

¿Sabías que en el Museo de Bellas Artes de Sevilla se encuentra la mejor versión europea barroca de *Las tentaciones de San Jerónimo*?

En el Museo de Bellas Artes de Sevilla se encuentra una magnífica obra pictórica que representa *Las tentaciones de San Jerónimo* y que fue realizada por el gran pintor sevillano Juan Valdés Leal. Está considerada como una de las mejores versiones de este tema dentro de la pintura barroca europea. En este cuadro lleno de colorido se puede apreciar la técnica característica del gran pintor barroco Juan Valdés Leal, es decir una pincelada decidida, enérgica y llena de movimiento que acaban transmitiendo perfectamente al espectador esa fuerte energía moral en el acto de rechazo de la tentación por parte del santo.

¿Sabías que en el siglo XVII se construyó la iglesia del Sagrario de la catedral de Sevilla? ¿Qué artistas participaron en su construcción? ¿Sabías que para su edificación fueron derribados restos que se conservaban de la antigua Mezquita Mayor almohade y una portada plateresca de mármol blanco?

El templo del Sagrario de la catedral de Sevilla es de estilo barroco, cuya construcción se inició en 1618, según trazas del entonces maestro mayor de la catedral de Sevilla, Miguel de Zumárraga, el cual dirigió las obras hasta su muerte en 1630. También participaron en el diseño los arquitectos Alonso de Vandelvira y Cristóbal de Rojas. Luego, los trabajos continuaron bajo la dirección de Fernando de Oviedo, para ser por fin acabada por Lorenzo Fernández Iglesias en junio de 1662.

Se eligió para su ubicación el ala oeste del Patio de los Naranjos, por lo que fue preciso derribar los restos que allí existían de la antigua Mezquita Mayor de época almohade y diferentes capillas cristianas, además de la portada plateresca del Sagrario viejo, realizada en mármol blanco.

Exterior de la iglesia del Sagrario

¿Conoces la leyenda de *El Cachorro*?

En el siglo XVII, conocido como el Siglo de Oro Español debido a la gran cantidad de artistas y escritores importantes que coincidieron en tal época, se encontraba **Francisco Antonio Ruiz Gijón** (Utrera, 1653-Sevilla 1720), quien será uno de los protagonistas de la leyenda que aquí nos ocupa.

En primer lugar, decir que en el barrio de Triana había dos divisiones en el lugar donde hoy se encuentra la calle Pagés del Corro. Estaba por un lado la ***Cava de los Gitanos*** y por otro la ***Cava de los Civiles***. En la ***Cava de los Gitanos***, llamada así por hallarse allí situadas las chozas de los gitanos, vivía un hombre de esta raza, de unos treinta años de edad. Era muy famoso por su habilidad para tocar la guitarra y sus habilidades para el cante jondo, además de por sus hermosas facciones. Era conocido por el sobrenombre de ***El Cachorro***.

El Cachorro era un hombre serio y cuando participaba en alguna de las fiestas gitanas, siempre se mantenía apartado del jolgorio general. Además, nadie le había conocido ninguna novia ni amante, a pesar de que muchas de las gitanas de La Cava suspiraban por él. Había quienes por envidia o celos habían llegado a afirmar que se debía a un amor secreto que mantenía con una dama de alta alcurnia de alguno de los barrios señoriales del otro lado del río. Sin embargo, sí que era cierto que a veces desaparecía durante algunos días sin que nadie lograra verle, por lo que todos los gitanos pensaban que tendría que hallarse en algún lugar que no fuese frecuentado por estos... Fue así como se difundió que mantenía un romance con una señorita de una rica familia y que la seriedad que siempre mostraba ***El Cachorro*** era debida a que los miembros de la familia de ella no lo aceptaban.

Con el paso del tiempo, apareció en la ***Cava de los Gitanos*** un hidalgo ricamente vestido y engalanado que preguntó por todos los rincones por un gitano al que llamaban ***El Cachorro***. No obstante, nadie quiso traicionar a uno de los suyos y el silencio fue la única respuesta que obtuvo el hidalgo, aunque pudo intuir antes de marcharse de Triana que era ese el lugar donde habría de encontrar al gitano. Por eso, a partir de ese día se le vio merodear por el barrio como si se tratara de un cazador al acecho de su presa.

Por otra parte, la creación de la nueva **Hermandad de la Expiración** llevó a la creación de unas imágenes titulares. Por ello, tras reunirse el Cabildo de Cofrades, se acordó concertar con algún famoso e importante imaginero la realización de una escultura que representase al Señor en el mismo instante de su muerte. Y fue así como decidieron que tal creación corriera a cargo de **Francisco Antonio Ruiz Gijón**, considerado como el mejor imaginero de la ciudad en aquel momento.

El artista se tomó tan en serio el encargo y la gran responsabilidad que conllevaba, que quiso incluso superar a todos los grandes maestros que antes de él habían destacado en la ciudad hispalense. Deseaba llegar a aventajar las excelentes tallas que habían sido esculpidas por sus predecesores, artistas de la categoría de Martínez Montañés, Juan de Mesa o Pedro Roldán. Cuentan que en ese afán de superación realizaría cientos de bocetos y docenas de modelos de barro, sin que alguno de ellos llegara a parecerle lo suficientemente bueno. De hecho, fue tal la obsesión que abandonó absolutamente todo y se centró exclusivamente en dicho encargo, sin apenas dormir o comer, permaneciendo recluido en su taller noche y día. Como consecuencia, cayó gravemente enfermo y, a pesar del consejo de los médicos y familiares, seguía en su empeño de obtener la ansiada figura del crucifijo.

Una noche se despertó de repente y, guiado por un pálpito, se incorporó con trabajo en la cama, se vistió y salió de su casa, en la Puerta Real. Se puso a caminar sin rumbo fijo, como un barco a la deriva en el mar, y sus pasos le acabaron llevando ante el puente de Barcas, que era la única comunicación entre Sevilla y Triana en aquella época. A continuación, lo cruzó y siguió andando, hasta llegar ante la puerta de la capilla del Patrocinio. Y, estando allí soñando despierto con el éxito de su futura creación artística e imaginando la bella talla que quería labrar, de pronto, pudo alcanzar a oír unos gritos desgarradores de mujer. Poco tiempo después logró ver a un jinete que cabalgaba a galope tendido, del que solo pudo ver su lujosa capa, y dejándose guiar por la procedencia de los gritos, Francisco Antonio Ruiz Gijón dirigió sus pasos hacia el lugar del que parecían proceder para prestar su auxilio a quien lo precisase.

Cuando llegó a la ***Cava de los Gitanos*** pudo ver que en el suelo se hallaba retorciéndose de dolor un hombre que a punto estaba de agonizar. Parecía que quisiese decir algo, tal vez el nombre de quien había clavado una daga de rica empuñadura en su pecho y que acabaría con su vida para siempre jamás. Ese hombre era ***El Cachorro***, el gitano a quien todos le atribuían una secreta historia de amor con una dama de buena familia, historia de un amor prohibido y no consentido que le llevaría a la muerte.

Cuenta la leyenda que, cuando Ruiz Gijón contempló a aquel hombre agonizando, se apoderó de él una furia artística, pasando a un segundo plano el hombre compasivo que llevaba dentro y, mientras las mujeres intentaban desesperadas socorrer al moribundo, Ruiz Gijón sacó de sus bolsillos un trozo de carboncillo y un papel. ¡Vio en ese rostro agonizante el mismísimo rostro de Cristo expirando en la Cruz! ¡Su ansiada búsqueda había llegado a su fin! Y fue así como a la luz de los candiles fue bosquejando el rostro de agonía del gitano, unas facciones realistas impregnadas de un sincero y verdadero sufrimiento que servirían para recrear los últimos instantes del mismísimo hijo de Dios crucificado en la cruz.

Después de aquel suceso, bastó poco tiempo para que Francisco Antonio Ruiz Gijón llevara a madera el boceto que a carboncillo había hecho aquella noche, con el que logró que la imagen tuviera exactamente la expresión de la agonía que habría tenido realmente Jesucristo antes de exhalar su último aliento en la cruz.

¿Sabías que la Inmaculada de los Venerables que pintó Murillo para la iglesia del hospital de los Venerables era considerada según Ceán Bermúdez como «superior a todas las de su mano»? ¿Sabías que dicha obra obtuvo en 1852 la cifra más elevada pagada por un cuadro hasta el momento? ¿Conocías que el Museo del Prado consiguió esta Inmaculada Concepción a cambio de una obra falsa de Velázquez?

Bartolomé Esteban Murillo pintó para la iglesia del hospital de los Venerables Sacerdotes de Sevilla un cuadro que representa la Inmaculada Concepción. Se la conoce como ***La Inmaculada de los Venerables***, pero también se le llama ***Inmaculada Soult***, debido a su historia. Actualmente se conserva en el Museo del Prado de Madrid. Esta pintura fue encargada por Justino de Neve —gran amigo de Murillo y fundador del hospital de los Venerables— para la iglesia del hospital de los Venerables de Sevilla.

Esta obra fue sacada de España por el mariscal Soult, cuando se tenía, según palabras del célebre Ceán Bermúdez, por «superior a todas las de su mano». Posteriormente, los herederos del general vendieron las obras artísticas que este había poseído. Así, fue adquirida por el Museo del Louvre en 1852. Dicho museo llegó a pagar por la obra quinientos ochenta y seis mil francos de oro. De hecho, llegó a ser la cifra más alta pagada hasta ese momento por un cuadro.

Después pasaría a ingresar dentro de las colecciones del Museo del Prado. Fue como consecuencia de un acuerdo firmado entre el gobierno español y el francés de Philippe Pétain en 1940, cuando había decaído la estimación del pintor. El Museo del Prado quería recuperar también ***la Dama de Elche***. Por ello, intercambió ambas obras de arte por el ***retrato de Mariana de Austria*** de Velázquez, entonces propiedad del Museo del Prado y que, en aquel momento, se consideraba la versión original del retrato. Sin embargo, resultó siendo una copia y no el original. Por lo tanto, en esta ocasión los españoles acabaron ganando la batalla a los franceses.

¿Sabías que la iglesia del hospital de los Venerables Sacerdotes de Sevilla fue la primera iglesia dedicada a San Fernando?

Justino de Neve quiso solucionar un grave problema que estaba ocurriendo en su época, y era que muchos sacerdotes acababan muriendo en las esquinas sin nadie que los cuidara, bien porque caían enfermos o porque caían en desgracia, o fruto simplemente del paso del tiempo y los estragos de la vejez. Por eso, Justino de Neve quiso construir una especie de asilo para los sacerdotes mayores o que cayesen enfermos o en desgracia. Ese fue el origen del hospital de los Venerables Sacerdotes de Sevilla, cuya iglesia fue la primera que se dedicó a **San Fernando** por coincidir sus obras con la **canonización** del santo rey.

Exterior de la iglesia del Hospital de los Venerables

LA SEVILLA DEL SIGLO XVIII

Cuando en el año 1700 murió el rey **Carlos II**, este no había dejado descendencia, lo que llevó a que una parte de las potencias europeas se aliaran para apoyar al **archiduque de Austria**, mientras que otras apoyaran a **los Borbones franceses**, provocando una guerra con tristes consecuencias para el territorio español, pues los propios españoles lucharon entre sí y se perdieron territorios como Gibraltar. El resultado final fue la llegada de una nueva dinastía al trono español, **la dinastía de los Borbones**, instaurada con la figura de **Felipe V** y aún vigente con el actual rey **Felipe VI**.

En el año 1746 falleció Felipe V y subió al trono su hijo **Fernando VI**. De todos los sucesos acaecidos en Sevilla durante el reinado de Fernando VI el más destacado es el terremoto que tuvo lugar en la mañana del uno de noviembre del año 1755.

Y, finalmente, el último monarca del siglo XVIII fue **Carlos III**, quien nació en Madrid en el 1716 fruto de la unión de **Felipe V** y su segunda esposa **Isabel de Farnesio**, por lo que tras la muerte de su hermanastro Fernando VI le acabó sucediendo en el trono español. Carlos III, monarca ilustrado por excelencia, fue considerado por sus contemporáneos como «el mejor alcalde que tuvo Madrid en su historia», ya que impulsó una serie de reformas de gran trascendencia como la liberación del comercio y de las aduanas, la protección de la industria privada, el recorte de privilegios de la Mesa, la división de latifundios y el reparto de tierras comunales. Intentó favorecer a la burguesía con iniciativas legales y fue muy importante el poder político que otorgó a este nuevo sector de la población. Tuvo un gran interés en la prosperidad del país, para lo cual llevó a cabo diversas reformas e iniciativas entre las que cabe destacar las obras públicas, de las que sobresalen el puerto de San Carlos de la Rábida, la creación de nuevos municipios como La Carolina o la repoblación de las extensas tierras desérticas de Sierra Morena con alemanes, bávaros, suizos, griegos, catalanes y valencianos con el intento de paliar la peligrosa situación en la que se encontraba el camino que comunicaba Andalucía con la Corte madrileña, el cual estaba plagado de bandoleros que dificultaban las comunicaciones.

Además, influido por la Ilustración, **Carlos III** concedió una gran relevancia a la cultura y la educación, hasta el punto de considerar que sin el desarrollo de ambas era imposible conseguir la prosperidad del país. Por ello reformó la educación, impulsó las investigaciones científicas y puso un gran interés en la difusión de los conocimientos.

Y en cuanto a la política exterior, **Carlos III** intentó mantener la presencia española en las colonias a pesar del avance expansionista de otros países, por lo que aumentó el poder naval español y llevó a cabo reformas en el ejército, muchas de las cuales siguen vigentes en la actualidad.

Durante el reinado de **Carlos III** tuvo lugar la expulsión de los jesuitas, acontecimiento que tuvo una gran repercusión en Sevilla, debiendo de abandonar todas sus posesiones, entre las cuales se encontraba San Luis de los Franceses.

¿Sabías que el rey Felipe V entró a Sevilla por Triana y que su rico cortejo cruzó el antiguo puente de Barcas? ¿Sabías que el rey Felipe V estuvo residiendo en la ciudad hispalense durante cinco años, convirtiéndola así en Corte Real? ¿Tenías constancia de que durante el reinado de Felipe V se firmó en Sevilla un importante tratado de paz?

El rey **Felipe V** llegó a Sevilla en el anochecer del 3 de febrero de 1729 y entró a la ciudad por Triana, montado en una espectacular carroza tirada por ocho caballos. Detrás lo seguían un centenar de carruajes. Felipe V vino acompañado de su esposa **Isabel de Farnesio** y **los infantes Felipe y Carlos**. En la calle Castilla realizaron para la ocasión un impresionante arco de triunfo, pero, sin lugar a dudas, lo más curioso fue que el rico cortejo cruzó el antiguo **puente de barcas**, tras haber sido este suntuosamente decorado e iluminado con hachas y teas encendidas, con el asombroso efecto de sus luces reflejadas en el Guadalquivir.

Además, se engalanaron las fuentes de las plazas de San Francisco y de la Magdalena. El gremio de los plateros construyó un fastuoso arco de triunfo lujosamente decorado con espejos y alhajas en la calle Génova, actual avenida de la Constitución. Y, finalmente, se iluminó la **Giralda** con setecientas mil cazoletas de aceite que, al arder, permitían que la familia real pudiera contemplar desde el Alcázar, donde se alojó, una hermosa vista de la torre.

El rey quedó tan maravillado con la ciudad de Sevilla, que lo que en principio iba a ser una estancia corta, se acabó convirtiendo en una larga estancia de cinco años de duración, durante los cuales el Ayuntamiento no escatimó en gastos para lograr que la ciudad estuviera a la altura de tan ilustre huésped. Durante esos años, el monarca asistió asiduamente a los cultos de la Catedral y a las procesiones de las cofradías de penitencia, sin olvidar el trascendental hecho de haberse firmado en la ciudad de Sevilla el **tratado de paz entre Francia y España** por el cual se aliaron ambas naciones.

¿Sabías que la Casa de la Contratación de las Indias y del Consulado Marítimo estuvo en Sevilla desde su fundación por los Reyes Católicos hasta el año 1725 cuando se traslada a Cádiz? ¿Qué supuso ese cambio de sede para la ciudad de Sevilla?

En el año 1725 se trasladó a **Cádiz** la **Casa de la Contratación de las Indias y del Consulado Marítimo**, que había sido fundada en Sevilla por los **Reyes Católicos**. El cambio de sede de esta Institución durante el reinado de **Felipe V** supuso un resentimiento económico muy importante para la ciudad de Sevilla, puesto que antaño dicha institución había proporcionado a esta ciudad mucha riqueza debido al control que desempeñaba, sobre todo lo relativo al Nuevo Mundo. Y así fue como Sevilla pasó de ostentar el monopolio del comercio con el continente americano, a sufrir un periodo de decadencia para los comerciantes e industriales sevillanos.

¿Sabías que la Real Fábrica de Tabacos de Sevilla fue la sede de la primera fábrica de tabacos establecida en Europa? ¿Tenías constancia de que se trata del edificio industrial más importante de España del siglo XVIII? ¿Sabías que es uno de los edificios industriales más antiguos de la época del Antiguo Régimen que se conservan en Europa? ¿Por qué tiene un foso en la mayor parte de su perímetro?

Durante el reinado de **Felipe V** se construyó en Sevilla la **Real Fábrica de Tabacos de Sevilla**, que fue la sede de la primera fábrica de tabacos establecida en Europa, además de ser considerado el edificio industrial más importante de España del siglo XVIII, tanto por su arquitectura como por su amplitud. Pero también destaca por ser uno de los edificios industriales más antiguos de la época del Antiguo Régimen que se conservan en Europa.

Su construcción se inició el año 1728. Su diseño y construcción fue realizada por ingenieros militares españoles y de los Países Bajos. Intervinieron **Ignacio Sala**, quien realizó el proyecto inicial y del cual solo se ejecutó la cimentación y la canalización del arroyo Tagarete, que por aquel entonces corría por la actual calle de San Fernando, y **Diego Bordick Deverez**, que sustituyó a Sala durante unos años. Pero, sin lugar a dudas, el ingeniero militar más importante en la construcción de la Real Fábrica de Tabacos de Sevilla fue **Sebastián Van der Borcht**, que se hizo cargo de la construcción a partir de 1750, y junto al que colaboraron arquitectos y aparejadores locales como **Vicente Catalán Bengoechea**, **Pedro de Silva** y **Lucas Cintora**.

Al artista portugués **Cayetano de Acosta** se le deben la soberbia estatua de ***la Fama y jarrones de azucena*** que lucen en la fachada principal de este edificio. Al mismo autor se deben igualmente las fuentes de mármol blanco de los dos patios interiores y los pináculos que decoran las cuatro esquinas del edificio.

Tal construcción, que, desde mediados del siglo XX, alberga la sede del rectorado de la Universidad de Sevilla y de algunas de sus facultades, se halla rodeada por un **foso** en la mayor parte de su perímetro porque se encontraba extramuros y estuvo adosada a parte de las murallas de la ciudad por esa zona.

Pináculo

Foso

Fachada de la antigua Real Fábrica de Tabacos de Sevilla

Detalle de la portada

Estatua de la Fama

¿Sabías que la famosa ópera *Carmen* está ambientada en Sevilla y concretamente en la Antigua Real Fábrica de Tabacos donde trabajaron tantísimas mujeres conocidas como «cigarreras»?

La ciudad de Sevilla ha servido de escenario a numerosas óperas, entre las que destaca la ópera dramática ***Carmen***, que fue compuesta basándose en la novela ***Carmen*** de **Prosper Mérimée** de mediados del siglo XIX, con música de **Georges Bizet** y libreto en francés de **Ludovic Halévy** y **Henri Meilhac**. No obstante, resulta curioso que una ópera tan celebérrima como ***Carmen*** fuese un rotundo fracaso cuando se estrenó en el ***Opéra-Comique*** de París el 3 de marzo de 1875.

La historia de ***Carmen*** está ambientada en Sevilla (España) alrededor de 1820, y la protagonista es una hermosa gitana de fuerte carácter. **Carmen**, en su concepción de amor libre, seduce al cabo don **José**, un soldado inexperto que termina rechazando por ella a su anterior amor, además de amotinarse contra su superior y unirse como desertor a un grupo de contrabandistas. Pero al final esa apasionada historia de amor acaba en tragedia, pues cuando Carmen vuelca su amor en el torero **Escamillo**, los celos terminan impulsando a don José a asesinarla.

¿Conoces la razón que llevó a erigir el templete del Triunfo de Nuestra Señora del Patrocinio situado a las espaldas del actual Archivo en Indias?

El **templete del Triunfo de Nuestra Señora del Patrocinio** situado a las espaldas del actual Archivo en Indias fue erigido en el año 1756 y tiene en su interior una imagen de la Virgen y el Niño.

El motivo de su construcción se debe a que, durante la celebración de la misa de Todos los Santos del 1 de noviembre de 1755, se produjo el famoso **terremoto de Lisboa**, el cual se sintió no solo en la ciudad portuguesa, sino también en otras ciudades españolas como Sevilla. Como consecuencia del seísmo, se hundieron más de trescientas casas, hubo de apuntalarse casi cinco mil y se vieron afectados edificios como el Alcázar, la trianera iglesia de Santa Ana, la Catedral, la Giralda y El Salvador. Sin embargo, los fieles que se hallaban reunidos en el interior de la catedral de Sevilla ese fatídico 1 de noviembre salieron al exterior para poder así terminar la misa y, milagrosamente, no hubo que lamentar daños personales, siendo este el motivo de que se decidiese levantar en ese mismo lugar el templete al Triunfo.

Templete del Triunfo

Templete del Triunfo

Plaza de Toros de
Sevilla

¿Qué importancia tuvo para Sevilla el reinado de Carlos III? ¿Sabías que la plaza de toros de La Maestranza se consideró en su momento y aún se sigue considerando el coso taurino más importante de España por sus dimensiones y número de localidades? ¿Tenías constancia de que la primera plaza de toros estable que hubo en Sevilla fue de madera?

Durante el reinado de **Carlos III**, la ciudad de Sevilla obtuvo su máximo esplendor en el siglo XVIII. Por ejemplo, en los primeros años de su reinado se edificó por parte del arquitecto **San Martín** la famosa **plaza de toros de La Maestranza** que sustituyó a la que había sido la **primera plaza de toros estable de Sevilla**, la cual se remonta al reinado de **Felipe V**, estaba construida de madera y tenía forma rectangular.

La plaza de toros de La Maestranza se consideró en su momento, y aún se sigue considerando, el coso taurino más importante de España por sus dimensiones y número de localidades.

¿Sabías que muchas importantes reformas urbanísticas que se acometieron en Sevilla en el siglo XVIII se debieron al Asistente Pablo de Olavide?

Dentro de las reformas urbanísticas que se acometieron en Sevilla en época de **Carlos III** destaca la que se efectuó en la Alameda de Hércules.

Además, en esta época hay que destacar las reformas que se llevaron a cabo siendo **Asistente** de la ciudad **Pablo de Olavide y Jáuregui**, personaje realmente decisivo para poder comprender la Sevilla del siglo XVIII. Gracias a Pablo de Olavide se efectuó el **saneamiento del entorno de la actual calle de Zaragoza** para transformarla en un lugar residencial, puesto que, a causa de su cercanía con el río, era un lugar convertido en lodazal, además de existir numerosas casas de prostitución. Con la intención de **mejorar la administración y el orden público**, Pablo de Olavide dividió la ciudad de Sevilla en cinco cuarteles. También numeró los barrios y manzanas, dotó la **orilla izquierda del río** de **malecones** y **hermosos paseos** para así adecentarla, denominando al mejor de dichos paseos como ***Las Delicias***, nombre que sigue conservando actualmente.

Olavide fomentó las actividades culturales y reformó también la **Universidad de Sevilla**, haciendo trasladar su sede a la abandonada **casa profesa de los Jesuitas**, ubicada en la actual calle Laraña.

¿Sabías que el primer plano de Sevilla fue encargado en el año 1771 por Pablo de Olavide y fue premiado por la Real Academia de San Fernando? ¿Sabías que muchos de los rótulos en azulejos de las calles sevillanas que existen actualmente pertenecen a la época de Olavide?

En el año 1771, Pablo de Olavide encargó el primer plano de Sevilla, donde se podía apreciar la nueva división de la ciudad hispalense, la cual quedó reflejada físicamente en las calles hispalenses con rótulos en azulejos, muchos de los cuales siguen existiendo hoy día. Este primer plano encargado por Olavide fue premiado por la Real Academia de San Fernando.

¿Sabías que los sevillanos en lugar de agradecer a Pablo de Olavide todo lo que había hecho por Sevilla lo acusaron ante el Tribunal de la Inquisición?

Sin embargo, a pesar de todo lo que Pablo de Olavide hizo por Sevilla, no fue comprendido por ciertos sectores sociales de la ciudad hispalense, quienes llegaron a acusarlo ante el Tribunal de la Inquisición. Entre otras acusaciones estaba la de haber retirado cruces e imágenes religiosas de las fachadas de edificios públicos y viviendas particulares para concederles un culto más digno y respetable.

A finales de 1775 tuvo que responder de las acusaciones en Madrid y la condena y la prisión lo alejarían para siempre jamás de la ciudad por la que tanto había hecho y a la que tanto había amado a pesar de no haber nacido en ella.

Tan solo en nuestros días se le ha reconocido la gran labor que hizo al decidir que una de las dos universidades hispalenses llevara su nombre.

¿Sabías que el *Censo de Floridablanca*, realizado durante el reinado de Carlos III y bajo la dirección del conde del mismo nombre, fue el primer censo español de población siguiendo técnicas estadísticas modernas?

José Moñino y Redondo, primer conde de Floridablanca, fue un importante político español que en 1767 actuó contundentemente contra los instigadores del motín de Esquilache y colaboró con Aranda y Campomanes en la expulsión de los jesuitas de los territorios de la corona española ese mismo año.

Entre sus actuaciones destaca la creación de un censo, conocido como el *Censo de Floridablanca*. Dicho censo fue realizado durante el reinado de Carlos III, concretamente entre 1785 y 1787, bajo la dirección del conde del mismo nombre. Tiene la importancia de haber sido el primer censo español de población realizado siguiendo técnicas estadísticas modernas.

¿Sabías que la portada del palacio arzobispal de Sevilla está considerada una de las mejores del barroco sevillano? ¿Conoces el origen de este bello palacio?

¿Sabías que los duques de Montpensier se alojaron en él mientras se realizaban las obras en el palacio de San Telmo donde terminarían residiendo?

La portada del palacio arzobispal de Sevilla es de estilo barroco y fue obra de Lorenzo Fernández de Iglesias y Diego Antonio Díaz. Fue construida en el siglo XVIII y está considerada una de las mejores del barroco sevillano. Destacan los colores albero y sangre de toro empleados en el exterior de este edificio, colores emblemáticos de la ciudad de Sevilla que decoran también otros edificios significativos de la ciudad.

El origen de este hermoso palacio se remonta a la época inmediatamente posterior a la reconquista de Sevilla en 1248 por el rey Fernando III de Castilla. En 1251, San Fernando cedió unas casas a Raimundo de Losana, obispo de Segovia, para que se estableciese en la ciudad. Estas casas estaban edificadas sobre antiguas construcciones almohades del siglo XII que a su vez estaban construidas sobre unas termas romanas, halladas a un nivel más profundo. Del palacio mandado levantar para don Raimundo, que fue el primer obispo de Sevilla después de la reconquista, no queda prácticamente resto alguno, a pesar de haber sido este su origen. Con el paso de los siglos, el antiguo edificio se fue ampliando hasta que una de las reformas llevadas a cabo a mediados del siglo XVI le otorga la estructura actual, alrededor de dos patios de estilo manierista.

Como curiosidad, decir que los duques de Montpensier, de quienes hablaremos más adelante, se alojaron en este palacio de forma provisional mientras se realizaban las obras pertinentes en el palacio de San Telmo para convertirlo en su residencia y hogar.

Palacio Arzobispal

Palacio Arzobispal

Detalles del Palacio Arzobispal

¿Sabías que el origen del famoso y espectacular palacio de San Telmo era convertirse en la sede de un colegio de marineros para niños huérfanos? ¿Qué artistas participaron en su construcción? ¿Sabías que la construcción de este edificio duró más de medio siglo, sufriendo varias interrupciones a causa principalmente de la falta de recursos económicos?

El **palacio de San Telmo** es un edificio barroco que fue construido entre los siglos XVII y XVIII para convertirse en la sede de un **colegio de marineros**, pasando a sustituir, de esta forma, la antigua sede que tenía la Universidad de Mareantes. A principios del siglo XVII, la **Universidad de Mareantes** se hallaba en unas casas del barrio de **Triana**. En 1607 comenzaron a realizarse gestiones para construir un colegio-seminario destinado a enseñar e instruir a los **niños huérfanos** para que llegaran a ser pilotos y así poder emplearlos en los barcos que iban al Nuevo Mundo. Sin embargo, dicho proyecto no se concretó hasta la Real Cédula de Carlos II del 17 de junio de 1681, según la cual esta institución estaría a cargo de la Universidad de Mareantes.

Al principio se quiso construir donde se encontraban las casas que esta institución tenía en Triana desde 1573, pero finalmente se construyó donde hoy se encuentra el palacio de San Telmo.

La construcción de este edificio duró más de medio siglo, sufriendo varias interrupciones a causa principalmente de la falta de recursos económicos. Sus inicios son desconocidos, puesto que, hasta 1691, no se sabe quien estuvo al frente de ella. En ese año estuvo dirigiendo las obras el albañil **Antonio Rodríguez**, quien continuaría durante cinco años más, levantándose por entonces el lado sur del edificio. En 1699 las obras se paralizaron por falta de fondos y no se reanudaron hasta 1722, cuando el arquitecto encargado de continuar el edificio como maestro mayor fue el gran arquitecto **Leonardo de Figueroa**, junto a su hijo Matías como primer ayudante. A **Leonardo de Figueroa** le correspondería, por consiguiente, la realización de su **fachada principal**, **la gran portada de acceso**, **el patio central**, **la capilla y la enfermería**. Las obras se suspendieron de nuevo en 1736 y no fueron reanudadas hasta 1775, prolongándose dos años más.

Actualmente solo se conservan **la fachada principal**, **el patio principal** y **la capilla del palacio original**. La portada principal fue terminada en 1734, aunque la parte superior fue reformada entre 1775 y 1776. Sobresale el espectacular segundo cuerpo de la portada, que posee un balcón sostenido por figuras de **atlantes** en el centro y a los lados columnas jónicas junto a doce **figuras alegóricas** de la navegación. En el tercer cuerpo hay columnas de orden corintio y figuras de los reyes **San Fernando** y **San Hermenegildo** y, en un arco en el centro, una figura de **san Telmo**.

Fachada del Palacio de San Telmo

Portada del Palacio de San Telmo

Detalles de la portada del Palacio de San Telmo

Detalles de la portada del Palacio de San Telmo

Detalles de la portada del Palacio de San Telmo

DAOIZ
DOS DE MAYO
1808

SEVILLA DURANTE EL REINADO DE CARLOS IV Y EL GOBIERNO FRANCÉS

El reinado de **Carlos IV** fue al principio esperanzador, ya que continuó las reformas comenzadas por su padre Carlos III, pero posteriormente acabó siendo retrógrado debido, en primer lugar, a la **Revolución Francesa** que pretendía abolir las monarquías absolutistas, iniciada en el año 1789; y, en segundo lugar, por la controvertida figura de **Manuel Godoy**, quien fue ascendiendo puestos en la Corte gracias a sus dotes personales, pero sobre todo por su posible relación amorosa con **la reina María Luisa de Parma**, mujer sumamente intrigante que estaba casada con Carlos IV, sobre el que ejerció una enorme influencia, hasta el punto de convertirse en la auténtica gobernante de España. Pero, de todas las actuaciones de Godoy, destaca el hecho de que convirtiera a España en aliada de Francia, favoreciendo así **la invasión de las tropas francesas de Napoleón** con la excusa de invadir Portugal, país que era aliado de Inglaterra y era rival de Francia y España.

¿Sabías que el Cabildo de la Catedral se vio obligado a vender la custodia más valiosa de España para poder completar la suma de dinero prometida a la Corona para costear la guerra con Portugal?

Durante el reinado de Carlos IV, Sevilla fue víctima de un gran retroceso como consecuencia de la desastrosa política internacional de Manuel Godoy, con las consecuentes **guerras con Francia, Inglaterra y Portugal**. Tales guerras ocasionaron desmesurados gastos a la hacienda del Estado, donde Sevilla se vio obligada a pagar grandes sumas económicas hasta el punto de que, tras dar todas sus rentas, el Cabildo catedralicio hubo de vender una valiosísima custodia para poder completar los diez millones de reales que había prometido dar a la Corona para costear la guerra con Portugal.

Monumento a Daoiz

¿Habías oído hablar de la terrible epidemia de peste que sufrió Sevilla en el verano del año 1800? ¿Sabías que donde hoy se ubica el Parlamento de Andalucía estuvo antaño el Hospital de la Sangre que fue testigo de numerosísimas muertes ocasionadas por la peste?

Uno de los acontecimientos más destacados sucedidos en Sevilla durante el reinado de Carlos IV fue la horrible epidemia de peste —**la fiebre amarilla**— que sufrió la ciudad en el verano del año 1800. El contagio vino de unos barcos y por marineros ya contagiados que provenían de **Cádiz**. El inicio fue en el arrabal de Triana, desde donde se propagó a otros barrios hispalenses, llegando a provocar más de treinta mil muertes.

Es a esta época a la que corresponden representaciones pictóricas que ilustran una desoladora imagen en el **antiguo Hospital de la Sangre** en la zona de la Macarena donde hoy se halla la sede del Parlamento de Andalucía, pues tan solo en dicho hospital llegaron a fallecer más de diez mil hombres y más de tres mil mujeres. De hecho, además de las muertes ocasionadas por la fiebre amarilla se unieron la carestía de alimentos, la falta de autoridad y la anarquía total de la población hispalense que valiéndose de la desoladora situación realizaban toda clase de fechorías.

La peste se llevó por delante a un tercio de la población hispalense y muchos sevillanos huyeron a los pueblos vecinos y al campo, por lo que quedaron prácticamente deshabitados barrios enteros y numerosas calles pasaron a convertirse en lodazales como consecuencia de la falta de tránsito, además de arruinarse muchísimas viviendas.

¿Por qué los sevillanos entraron encolerizados al templo del convento hospital de San Juan de Dios tras el final del reinado de Carlos IV y la caída en desgracia de Manuel Godoy? ¿A quién apodaron los sevillanos «El Choricero»?

El reinado de Carlos IV y la caída en desgracia de Manuel Godoy después de los acontecimientos acaecidos en Madrid en marzo de 1808, provocó que numerosos sevillanos fuesen a la calle Sierpes y actual calle Sagasta para apropiarse de **un cuadro** que había en el **convento hospital de San Juan de Dios**, ubicado en la plaza del Salvador, donde aparecía **retratado Manuel Godoy**, puesto que Godoy había protegido a la Orden de San Juan de Dios y esta tenía un retrato suyo. Encolerizados, los sevillanos no se hicieron esperar y acabaron entrando en el templo y destrozaron allí mismo el retrato de quien los sevillanos habían apodado «**El Choricero**».

Convento hospital
de San Juan de Dios.
Plaza Salvador

¿Qué hicieron los sevillanos cuando llegó la noticia de la abdicación de Carlos IV y la proclamación de su hijo Fernando VII como nuevo monarca?

Cuando el 27 de marzo del 1808 llegó a Sevilla la noticia de la abdicación de **Carlos IV** y la proclamación de su hijo **Fernando VII** como nuevo monarca, hubo una gran alegría en la ciudad hispalense que se manifestó tanto en los sonoros repiques de las campanas de la Giralda como engalanando los sevillanos de forma voluntaria los balcones y las ventanas de sus viviendas, además de iluminarse un gran número de fachadas por la noche.

¿Sabías que el héroe nacional de la Guerra de la Independencia contra los franceses Luis Daóiz y Torres nació en Sevilla y tiene dedicado un monumento en la plaza de la Gavidia de Sevilla?

Después de que las **tropas napoleónicas** invadiesen España, **los madrileños** se levantaron en armas, siendo finalmente **fusilados** en Madrid más de cuatrocientas personas, tristes hechos que fueron plasmados pictóricamente por **Francisco de Goya**. Esto daría lugar al inicio de la **Guerra de la Independencia** contra los franceses, donde militares españoles se opondrían a las tropas francesas durante aquellos tristes sucesos. De entre estos

Monumento a Daoiz. Plaza de la Gavidia

militares destacaría un oficial de artillería sevillano que es considerado un héroe nacional de la Guerra de la Independencia: **Luis Daóiz y Torres**, que nació en Sevilla en el año 1767 y falleció en Madrid el 2 de mayo de 1808 y tiene dedicado un **monumento** en la plaza de la Gavidia de Sevilla.

¿Cómo reaccionó el pueblo sevillano ante la noticia de la invasión francesa, los fusilamientos de Madrid del 2 de mayo y el advenimiento de José Bonaparte para ocupar el trono español con el nombre de José I? ¿Qué medidas adoptaron el ayuntamiento y los políticos hispalenses ante los intrusos? ¿Tenías constancia de que Sevilla se posicionó a la vanguardia de la defensa de España frente a las tropas napoleónicas?

El 6 de mayo Sevilla se enteró de los **fusilamientos del 2 de mayo** y el pueblo llano estalló en ardientes **vivas al rey** y **mueras al general francés Murat**. Sin embargo, los políticos sevillanos del momento aprobaron la nueva situación y al mediodía fijaron un **edicto** en las esquinas donde se desdecían las tropelías ejecutadas por los franceses en Madrid y se alentaba a la población hispalense a abandonar sus encolerizadas muestras públicas contra los invasores franceses.

Esta postura conformista no fue bien vista por los sevillanos y hubo una gran revuelta popular que acabó con una manifestación belicosa el 8 de mayo delante del Ayuntamiento donde quedó claro que las masas no toleraban a los invasores, por lo que se inició en la ciudad hispalense una **fuerte resistencia contra los franceses**.

Dicha resistencia se hizo aún más fuerte tras recibir noticias de la abdicación del joven rey **Fernando VII** y la subida al trono de **José Bonaparte** con el nombre de **José I**. Así, mientras los políticos nuevamente reconocieron a los intrusos, el pueblo llano salió a las calles gritando: «**¡Mueran los franceses!**», y se dirigió a la **Real Maestranza de Artillería** para invadirla y hacerse con armas. Algunas piezas armamentísticas las situaron en lugares estratégicos de la ciudad. Todos se reunieron en la **plaza de San Francisco** donde aplaudieron la creación de una **Junta General de Gobierno** cuyos miembros tuvieron tratamiento de Alteza y de Excelencia y eligieron el **Alcázar** como sede de sus reuniones. Dicha Junta pretendía defender el territorio andaluz frente a los franceses. Además, se publicaron manifiestos y declaraciones de guerra a la mismísima Francia imperial de **Napoleón Bonaparte**, quien era dueño y señor de la mitad del territorio europeo. Por lo tanto, Sevilla se posicionó a la vanguardia de la defensa de la tierra española frente a las tropas napoleónicas.

¿Sabías que Sevilla fue la capital de la resistencia española antifrancesa? ¿Sabías que la capitulación de la ciudad de Sevilla se pactó en Torreblanca?

Más tarde, se creó en **Madrid** una **Junta Central** a la que Sevilla envió sus representantes y que estaba presidida por el **conde de Floridablanca**. Dicha Junta se vio obligada a refugiarse en **Sevilla**, convirtiéndose así esta ciudad en la **capital de la resistencia española antifrancesa**, manteniéndose Sevilla durante algunos años fuera del alcance de las tropas francesas, aunque esto cambiaría completamente en 1810.

Ante la cercana llegada de las tropas francesas a la ciudad de Sevilla, la Junta Central tuvo que huir y refugiarse en **Cádiz**. El 30 de enero de 1810 las primeras tropas de los franceses llegaron a **Alcalá de Guadaira**, por lo que muchas familias sevillanas emigraron. El día 31, autoridades eclesiásticas, políticas y militares, en un intento de suavizar la coyuntura, se reunieron para decidir cómo realizar la capitulación y entrega de Sevilla a los franceses. **Joaquín Goyeneta y Jacobs**, que presidía la comisión creada para la ocasión, se reunió con **José Bonaparte** en **Torreblanca** para acordar una **digna capitulación**.

¿Tenías constancia de que el Palacio Arzobispal fue ocupado por el general francés Darricau para establecer allí sus oficinas militares? ¿Dónde se alojó José Bonaparte durante los dos años que duró la ocupación francesa en Sevilla? ¿Sabías que las tropas francesas expulsaron a los religiosos de los conventos de San Francisco, Santo Tomás, el Carmen y San Jacinto para alojarse en ellos?

El 1 de febrero de 1810 entraron en Sevilla las tropas francesas al mando del **general Soult**, Duque de Dalmacia.

El **Palacio Arzobispal** fue ocupado por el **general francés Darricau** para establecer allí sus oficinas militares.

Las campanas de la Catedral anunciaron la llegada del rey francés **José Bonaparte**, apodado «**Pepe Botella**» por su afición a la bebida y quien se alojó en el **Alcázar** durante los dos años que duró la ocupación francesa en Sevilla. Y las tropas francesas, incumpliendo lo pactado en las capitulaciones, se instalaron en los **conventos sevillanos** más extensos y expulsaron a los religiosos, como fue el caso del convento de **San Francisco**, **Santo Tomás**, **el Carmen y San Jacinto**.

Portada del Palacio Arzobispal

¿Cuántos cuadros de Murillo fueron robados de la ciudad de Sevilla por las tropas francesas del general Soult? ¿A qué se debió esta rapiña y por qué había tanto interés en las obras de este gran pintor sevillano?

Bartolomé Esteban Murillo ha sido considerado el pintor de la Inmaculada Concepción por excelencia y el pintor de los niños. Sin embargo, no debemos olvidar su inclinación hacia temas relacionados con la picaresca que tanto éxito tuvo en el extranjero. Además, este gran artista del Siglo de Oro tuvo un elevado número de discípulos y seguidores que acabarían llevando su influencia hasta bien entrado el siglo XVIII. Y, finalmente, cabe destacar que fue el pintor español mejor conocido y más apreciado fuera de España.

Las tropas del General Soult robaron treinta y ocho cuadros de Bartolomé Esteban Murillo de la ciudad de Sevilla. Tan solo fueron devueltas a España diez de las obras de Murillo que se llevaron los invasores franceses en 1810. El resto están repartidas por todo el mundo.

En 1810, los franceses protagonizaron una rapiña en Sevilla, tras la capitulación de la ciudad, que tenía un objetivo claro: llevarse todos los cuadros de Murillo que hubiera para el nuevo Museo Napoleón de París. Este pintor sevillano era el número uno de la lista de artistas con obras en Sevilla que habían elaborado miembros afrancesados de la Real Academia de Bellas Artes con la intención de complacer los deseos e intereses del monarca José Bonaparte.

Era tal la admiración por dicho artista que llama la atención el siguiente hecho. Los franceses habían llegado a sustraer 999 cuadros de sus lugares originales y los habían almacenado en los salones de los Reales Alcázares. La sala número uno fue dedicada a Murillo, y en ella precisamente se encontraban los ocho cuadros provenientes del hospital de la Santa Caridad. Estos eran los más deseados y ansiados por los invasores franceses. Para ser más exactos, de los diez cuadros que se ubican en la iglesia sustrajeron los ocho de mayor tamaño.

¿Sabías que Bartolomé Esteban Murillo pintó para la iglesia del hospital de la Caridad de Sevilla seis pinturas sobre el tema de la misericordia y que cuatro de ellas fueron robadas en 1810 durante la Guerra de la Independencia por el mariscal francés Soult? ¿Tenías constancia de que cuatro de estas pinturas que se exhiben actualmente en la iglesia del hospital de la Caridad son copias?

Bartolomé Esteban Murillo pintó para la iglesia del hospital de la Caridad de Sevilla seis pinturas sobre el tema de la misericordia y cuatro de ellas fueron robadas en 1810 durante la Guerra de la Independencia por el mariscal francés Soult. Además, fueron exhibidas por este en su casa de París hasta que a su muerte los herederos las vendieron. Cuatro de estas pinturas que se exhiben actualmente en la iglesia del hospital de la Caridad son copias. Las originales están en museos extranjeros: la National Gallery de Londres, la Galería Nacional de Ottawa, la National Gallery de Washington y el Ermitage de San Petersburgo.

¿Cómo fue la expulsión de los franceses de la ciudad de Sevilla?

Sevilla estuvo ocupada por los franceses durante dos años. Finalmente, en el verano de 1812, los franceses se vieron obligados a huir de la ciudad de Sevilla ante la presión de las tropas españolas, británicas y portuguesas que aparecieron en la cuesta de Castilleja dirigidas por el general Juan de la Cruz Mourgeon y luego ocuparon todo el barrio de Triana. Todos los sevillanos celebraron la victoria con luminarias, gritos de júbilo, repiques de campanas en las torres eclesiásticas, música, fiestas en los diversos barrios y escuelas de baile.

Sin embargo, aunque Sevilla quedó libre de los invasores franceses, ya nada sería igual, puesto que la ciudad fue enormemente expoliada por estos.

SEVILLA DURANTE EL REINADO DE FERNANDO VII

El 29 de marzo de 1812 se publicó de forma solemne la **Constitución** política promulgada en **Cádiz** el 19 de marzo, conocida como «**la Pepa**», que daría inicio a una nueva etapa de la historia española donde se restablecería la **monarquía borbónica** en la figura de **Fernando VII**.

Fernando VII fue uno de los monarcas más funestos de la historia española. Odió a su madre desde niño debido a las relaciones que esta mantenía con **Manuel Godoy**, algo que posiblemente dejó huella en su carácter y lo convirtió en un personaje complicado y contradictorio.

La primera prueba de este carácter complicado y contradictorio lo tenemos en el hecho de que apoyara una conspiración de la nobleza para destituir a Godoy, con el fin de, cuando fuera descubierto el complot, acabar delatando a quienes él mismo había incitado.

Otra prueba la encontramos cuando al subir al trono español en 1808 y llegar a Madrid, se puso bajo el amparo de las tropas francesas del general **Murat**, quien un día antes había ocupado la capital. Pero, además, Fernando VII se trasladó para entrevistarse con **Napoleón Bonaparte** a la ciudad francesa de **Bayona**, donde le ofrecería la corona española a cambio de un castillo y una pensión anual de cuatro millones de reales. Sin embargo, resulta paradójico que durante los seis años que duró su «exilio» en Bayona, y los franceses gobernaron España, el pueblo español lo idolatrara hasta el punto de llamarlo ***El Deseado***, y que tras la derrota de los franceses y su regreso a España en 1814 se negara, en cambio, a jurar la Constitución progresista que había sido creada con anterioridad en el año 1812 en Cádiz, derogándola mediante decreto y recuperando el régimen absolutista anterior.

Posteriormente, en 1820 juró la Constitución tras varias revueltas militares, aunque volvería a derogarla poco tiempo después con la llegada de los llamados ***Cien Mil Hijos de San Luis,*** gracias a los que pudo volver a imponer el absolutismo comenzando la última etapa de su reinado conocida como: la ***Década Ominosa*** (1823-1833), durante la cual hubo una fuerte represión hacia todo lo liberal, acompañándose del cierre de periódicos y universidades.

Por último, señalar que durante su reinado se independizaron la mayoría de las colonias americanas.

¿Sabías que Fernando VII llegaría a solicitarle a Napoleón Bonaparte ser hijo adoptivo suyo? ¿A quién se le atribuye la popular frase: «Vísteme despacio que tengo prisa»? ¿Conoces qué significa la frase: «Así se las ponían a Fernando VII»? ¿Tenías constancia de que en la torre de Don Fadrique se encuentra arrumbada una estatua de Fernando VII?

Fernando VII incluso llegaría a solicitarle a **Napoleón Bonaparte** ser hijo adoptivo suyo, mediante la siguiente carta:

Mi mayor deseo es ser hijo adoptivo de S. M. el emperador nuestro soberano. Yo me creo merecedor de esta adopción que verdaderamente haría la felicidad de mi vida, tanto por mi amor y afecto a la sagrada persona de S. M., como por mi sumisión y entera obediencia a sus intenciones y deseos.

Una anécdota muy curiosa es que la popular frase: «**Vísteme despacio que tengo prisa**», se le atribuye a Fernando VII, quien la pronunciaría cuando un sirviente que le vestía se puso nervioso, tal vez al ver el descomunal miembro varonil que se cuenta que tenía.

Otra anécdota que protagonizó Fernando VII y que ha calado en el acervo popular es que al ser un gran aficionado al billar solía jugar con los miembros de su camarilla, quienes, deseosos de agradar al monarca, procuraban siempre fallar sus golpes y hacer que las bolas quedasen en inmejorable situación para que el monarca hiciese sucesivas carambolas. De ahí proviene la famosa y popular frase: «**Así se las ponían a Fernando VII**».

Otra curiosidad es que una estatua de Fernando VII realizada en bronce en el siglo XIX se encuentra arrumbada en la **torre sevillana de Don Fadrique**, donde se hallaba el antiguo Museo Arqueológico, como si se tratase de un deshecho de la historia que casi es mejor olvidar por completo.

¿Sabías que en Sevilla se realizaron procesiones con el retrato de Fernando VII para celebrar la vuelta al trono del monarca? ¿Tenías constancia de que los sevillanos de los barrios populares festejaron con grandes fiestas la vuelta de la Inquisición que había sido derogada en las Cortes de Cádiz?

Cuando Fernando VII volvió a ocupar el trono español, se realizaron en Sevilla procesiones con el retrato del monarca, además de celebrarse fiestas y comidas para festejarlo.

Para gran asombro, la vuelta de la **Inquisición**, que había sido derogada en las **Cortes de Cádiz**, fue acogida con gran satisfacción por la mayoría de sevillanos, especialmente los conservadores que pudieron así recuperar sus antiguos privilegios, pero sorprendentemente esta institución tan opresora también fue acogida con regocijo por los barrios populares, quienes realizaron varias fiestas para celebrarlo.

¿Sabías que en septiembre de 1819 se logró frenar y evitar que se extendiera una nueva epidemia que, en caso de haberlo hecho, podría haber reducido la población hispalense de forma considerable?

En septiembre de 1819 se tomó la decisión de cercar la zona de la parroquia de Santa Cruz para así impedir que un brote de fiebre amarilla que se creía había surgido en este lugar se pudiera propagar. Y gracias a esta actitud previsora, se pudo evitar que terminase mermando la población considerablemente, tal y como había acaecido en otras ocasiones.

¿Sabías que en marzo de 1820 el pueblo interrumpió el pleno del Ayuntamiento para pedir que se volviera a proclamar la Constitución liberal de 1812? ¿Tenías constancia de que la actual plaza de San Francisco se llamó durante un tiempo *plaza de Fernando VII*? ¿Conoces la historia del rótulo de papel que puso el pueblo denominando *plaza de la Constitución* a una plaza muy cercana a la actual calle de la Constitución?

En marzo de 1820 el pueblo interrumpió el pleno del Ayuntamiento que se hallaba reunido, solicitando que se volviera a proclamar la **Constitución liberal de 1812** como principal ley. El Gobernador Militar se puso de su lado y los concejales absolutistas fueron suspendidos de su cargo. Además, el pueblo quitó la lápida que denominaba como ***plaza de Fernando VII*** a la actual plaza de San Francisco, ocultando el hueco dejado por la piedra con un papel donde aparecía escrito ***plaza de la Constitución.***

De este modo, en pocos años, quienes antaño habían celebrado con fiestas la vuelta de **Fernando VII** y el regreso de **la Inquisición**, ahora defendían las **ideas liberales** y se oponían tanto al rey como a esta represiva institución. Por lo tanto, la muchedumbre entró en la sede de la Inquisición para maltratar a su regidor y liberar a los presos que allí se hallaban por no comulgar con las ideas absolutistas o religiosas del momento.

¿Sabías que Fernando VII rehusó aceptar las llaves de la ciudad de Sevilla? ¿Por qué las hermandades sevillanas decidieron no celebrar en 1823 la Semana Santa? ¿Conocías que fue en Sevilla donde se reunieron las Cortes que declararon incapacitado mentalmente a Fernando VII?

En febrero de 1823 hubo una fuerte crecida del río Guadalquivir que acabó inundando un tercio de la ciudad y también se supo de la nueva invasión francesa que iba a tener lugar con la finalidad de volver a instaurar el régimen absolutista, por lo que las hermandades sevillanas dispusieron que ese año no se celebrara la Semana Santa.

Luego, el 10 de abril de ese mismo año, Fernando VII entró a Sevilla por la puerta de Triana y cuando le ofrecieron las llaves de la ciudad las rechazó.

A los pocos meses, el 11 de junio de 1823, se celebraron en la ciudad de Sevilla las Cortes que acabaron declarando incapacitado mentalmente a Fernando VII.

SEVILLA DURANTE EL REINADO DE ISABEL II

Fernando VII cedió primeramente el trono de España a **Napoleón Bonaparte**, luego volvió a apoyarse en **Francia** para **abolir** el **liberalismo** y la **Constitución de 1812**, contando para ello con el **duque de Angulema** que, al frente de ***Los cien mil hijos de san Luis***, ayudaría al rey a restablecer el régimen absolutista en España; y, finalmente, su muerte siguió causando problemas al país del que había sido rey, puesto que se produjeron enfrentamientos civiles entre los partidarios de su hija **Isabel II** y los partidarios de su hermano **Carlos María Isidro**.

Isabel II de España era hija de **Fernando VII** y **María Cristina de Borbón-Dos Sicilias**, que fue la cuarta y última esposa de Fernando VII. Nació en 1830 y murió en 1904. Subió al trono con tan solo tres años de edad y su tío Carlos María Isidro, que había sido hasta entonces el heredero de la Corona, no aceptó que fuese relegado y menos por una mujer. Al ser Isabel menor de edad fue su madre quien asumió la **Regencia**, cargo que ocuparía hasta 1840 cuando la sustituyó como **Regente Espartero**. Finalmente, en 1844, teniendo Isabel 13 años de edad, las Cortes la declararon mayor de edad para que pudiera reinar.

Fue casada muy pronto con su primo **Francisco de Asís de Borbón**, quien, debido a sus posibles inclinaciones homosexuales y otras razones, se acabó distanciando cada vez más de su esposa hasta el punto de vivir él en el **palacio de La Granja de Segovia** y ella en el **Palacio Real de Madrid**. Se le atribuyen a la reina hasta doce amantes, llegando a considerarla algunos autores como ninfómana, algo que podría ser cuestionado y que simplemente hubiera servido a sus detractores para desprestigiarla como ha ocurrido en otras ocasiones a lo largo de la historia. Algunos autores atribuyen a uno de sus amantes la **paternidad de Alfonso XII,** concretamente al **capitán de ingenieros Enrique Puig y Moltó**.

Detalle del puente de Triana

Un aspecto a destacar durante el reinado de **Isabel II** fue el gran auge que experimentó la cultura española, gracias al apoyo de Isabel II y de su esposo a las manifestaciones artísticas y las tertulias literarias, sobresaliendo entre ellas las famosas **tertulias del pintor hispalense Esquivel**. También a esta época pertenece el hermoso **estilo arquitectónico** que se denomina «**Isabelino**».

Finalmente, la reina **Isabel II** fue derrocada en 1868 cuando un grupo de militares y políticos liberales se sublevaron en Cádiz el 18 de septiembre de 1868 provocando la Revolución conocida por unos como ***La Gloriosa*** y por otros ***Septembrina*** o «**Revolución del asco**». Y la reina Isabel II, denominada también la «**Reina de los tristes destinos**», tuvo que huir a **Francia** y refugiarse en el **castillo de Pau** que le cedió el emperador francés, siendo definitivamente abandonada por su esposo.

Monumento a Isabel II

¿Sabías que el centro histórico de Sevilla sufrió el impacto de la caída de unas seiscientas bombas durante la regencia de Espartero? ¿No te parece sorprendente que a pesar de ello se le haya dedicado al general Espartero una de las plazas más importantes de Sevilla?

En 1843, durante la **regencia de Espartero**, cayeron en Sevilla unas seiscientas bombas. El ataque se debió al hecho de que Sevilla se revelase contra el general Espartero, que era regente del reino, y este determinó castigar con extrema dureza aquella insubordinación.

Este hecho, sin duda alguna, fue uno de los más catastróficos que tuvieron lugar durante los treinta y cinco años que duró el reinado de Isabel II (1833-1868). La primera de las bombas explotó en la plaza del Pan, y numerosas calles y edificios civiles y religiosos se vieron afectados, como ocurrió con la ***Casa de Pilatos*** y las **iglesias de Santiago y San Ildefonso**.

Sin embargo, parece realmente sorprendente que, a pesar de haber ordenado lanzar seiscientas bombas contra la ciudad de Sevilla, dicha ciudad le haya dedicado al general Espartero una de las plazas más importantes. Se trata de la conocida ***plaza del Duque***, cuyo nombre oficial es «**plaza del Duque de la Victoria**», título que concedió la reina Isabel II a Espartero en el año 1839.

¿Sabías que Isabel II tuvo una estrecha y asidua relación con Sevilla porque su hermana vivía en el sevillano palacio de San Telmo junto a su esposo el duque de Montpensier?

Isabel II tuvo una estrecha y asidua relación con Sevilla porque su hermana vivía en el sevillano palacio de San Telmo junto a su esposo el **duque de Montpensier**, quien fue siempre un fuerte enemigo de su cuñada la reina. De hecho, se cuenta que incluso llegó a hipotecar su veraniego palacio de Sanlúcar de Barrameda para poder así financiar a los revolucionarios de la ***Revolución Septembrina***, también conocida como ***La Gloriosa***, que finalmente acabaría derrocando a Isabel II de forma definitiva.

Plaza del Duque de la Victoria

¿Has oído hablar del espectacular recibimiento que le brindó la ciudad de Sevilla a la reina Isabel II en el año 1862?

En 1862, Isabel II decidió realizar un largo viaje por Andalucía con el fin de congraciarse con los andaluces y para ello visitó varias ciudades, siendo recibida en todas ellas con gran ostentación y júbilo, siendo el que le dedicó la ciudad de Sevilla el más esplendoroso de todos.

La reina llegó a Sevilla en tren a la **estación de Plaza de Armas** y entró en la ciudad por la Puerta de Triana, repicando en ese momento las campanas de numerosas iglesias para mostrar así el júbilo de los sevillanos al recibir a su reina. Durante todo el recorrido le arrojaron flores desde los balcones. Además, se levantaron suntuosos y espectaculares arcos de triunfo para que la comitiva real pasara bajo los mismos.

¿Conoces los versos del poema que la poetisa Antonia Díaz Lamarque entregó a la reina Isabel II cuando esta visitó el hospital de la Caridad de Sevilla?

Isabel II visitó varias instituciones hispalenses, entre las cuales estaba el hospital de la Caridad, donde le fue entregada una poesía escrita por la poetisa **Antonia Díaz Lamarque**, entre cuyos versos se encuentran los siguientes:

¿Qué buscas, noble Señora
En esta humilde morada
Si la ancianidad doliente
Aquí tan solo se halla.
¿Cien monumentos insignes
Sevilla acaso no guarda,
A donde admires las huellas
De sus grandezas pasadas?

¿Sabías que el primer puente fijo que tuvo Sevilla fue el puente de Triana? ¿Sabías que desde el siglo XII hasta el reinado de Isabel II el único puente que hubo en Sevilla fue el famoso puente de barcas? ¿Tenías constancia de que el puente de barcas se desplazó hacia la Torre del Oro para que pudiera seguir utilizándose mientras se construía el puente de Triana o puente de Isabel II? ¿Sabías que el puente de Isabel II, conocido popularmente como puente de Triana, se trata del puente de hierro más antiguo conservado en España? ¿Sabías que el puente de Triana está inspirado en un famoso puente francés parisino?

Especialmente relevante ha sido la importancia que históricamente ha tenido Sevilla. Sin embargo, no contó con un puente fijo y estable hasta mediados del siglo XIX, cuando se construyó el **puente de Triana**, que, sin lugar a dudas, es el puente más famoso de Sevilla. Es el nombre que popularmente recibe el **puente de Isabel II**, llamado así por haberse construido durante el reinado de esta reina, concretamente entre 1845 y 1852.

Ni los romanos construyeron un puente en la ciudad hispalense, a pesar de ser ellos grandes ingenieros y haber sido capaces de salvar grandes obstáculos y desafíos a la hora de construir puentes, acueductos y grandiosos edificios. Pero es que Sevilla tiene un suelo arcilloso que dificultó durante siglos el emplazamiento de un puente fijo. Sin embargo, dicho obstáculo se lograría salvar en el siglo XIX, durante el reinado de Isabel II, gracias a los ingenieros franceses **Gustavo Steinacher y Ferdinand Bennetot**.

Se trata de una moderna construcción de hierro que sustituyó al primitivo **puente de Barcas** que históricamente había existido en aquel lugar durante siglos y que unía la zona del Arenal con las inmediaciones de la antigua fortaleza visigoda que había en Triana conocida como el **castillo de San Jorge** por haber sido sede de la orden de San Jorge tras la reconquista de la ciudad de Sevilla por el rey Fernando III ***El Santo***.

El puente del ***Carrousel*** de París —desgraciadamente desaparecido— sirvió como modelo a los ingenieros franceses a la hora de construir el puente de Isabel II en Sevilla, más conocido por todos como ***puente de Triana***. Como consecuencia, quedó presente para la posteridad una huella parisina en la ciudad hispalense.

Y, finalmente, decir que el puente de Isabel II fue declarado Monumento Histórico Nacional el 13 de abril de 1976.

Puente de Triana o de Isabel II

¿Sabías que el primer Ayuntamiento Provisional Revolucionario de Sevilla, constituido el 20 de septiembre de 1868, acordó derribar varias puertas de la muralla y diversos conventos e iglesias de la ciudad de Sevilla?

El primer Ayuntamiento Provisional Revolucionario constituido el 20 de septiembre de 1868 acordó derribar las **puertas de Triana, Carmona, Osario y San Fernando**, además de diversos conventos e iglesias de la ciudad de Sevilla.

¿Sabías que Sevilla le acabó dando la espalda a Isabel II seis años después de haberla alabado tanto? ¿Qué fue de la corona de oro y piedras preciosas que la reina Isabel II regaló a la ciudad hispalense?

Tan solo seis años después de que Sevilla alabara a su reina, le acabó dando la espalda hasta el punto de ser maldecida y resultarle ser una persona repugnante a los sevillanos. El primer Ayuntamiento Provisional Revolucionario de Sevilla en una de sus primeras reuniones decidió borrar cualquier huella de Isabel II, ya fuese dentro o fuera de las casas consistoriales, puesto que los revolucionarios querían cambiar los nombres de las calles que hasta entonces se hallaban rotuladas con pertenecientes a personajes de la familia real. Pero más indignante resulta que decidieran, por un lado, renunciar al título de ***Invicta*** que Isabel II había otorgado a la ciudad y, por otro, fundir la corona de oro que previamente la reina había regalado a Sevilla, además de vender las piedras preciosas que aquella tenía.

SEVILLA: ESCENARIO DE LA GRAN HISTORIA DE AMOR DE ALFONSO XII

Alfonso XII (1857-1885), era hijo de **Isabel II**, que fue destronada tras el triunfo de la ***Revolución Septembrina*** de 1868. Cuando su madre huyó a Francia, el pequeño Alfonso iba con ella mientras su padre oficial **Francisco de Asís de Borbón**, les abandonaba definitivamente para irse a París. Algunos autores atribuyen la auténtica paternidad de Alfonso XII a **Enrique Puig Moltó**, capitán de ingenieros, o al general **Francisco Serrano**, ambos célebres amantes de Isabel II.

El reinado de Alfonso XII se caracterizó por la pacificación de España, entre otras cosas por la finalización de las anteriores guerras carlistas. Pero, ante todo, supuso la restauración de la monarquía borbónica que tan denigrada había quedado como consecuencia de las aventuras amorosas de su madre.

Sin embargo, los posibles éxitos de carácter político se vieron ennegrecidos por los tristes acontecimientos personales. En primer lugar, por el destierro que sufrió junto a su madre y la ausencia de una figura paterna incuestionable, luego por la temprana muerte de su gran amor y primera esposa, **María de las Mercedes**, y, finalmente, por contraer la enfermedad del tifus tras visitar a los enfermos afectados del cólera, que acabaría arrancándole la vida a la temprana edad de 28 años y dejando viuda a su segunda esposa, **María Cristina de Habsburgo**, y huérfanos a sus tres hijos.

¿Sabías que el antiguo palacio de San Telmo fue la residencia hispalense de los duques de Montpensier? ¿Sabías que al salón del palacio de San Telmo se le conocía en el siglo XIX como *la Corte Chica* debido al gran poder que tuvo uno de sus moradores?

La hermana de Isabel II vivía en el sevillano **palacio de San Telmo** junto a su esposo el **duque de Montpensier**, quien fue siempre un fuerte enemigo de su cuñada. De hecho, se cuenta que

incluso llegó a hipotecar su veraniego palacio de Sanlúcar de Barrameda para poder así financiar a los revolucionarios de la ***Revolución Septembrina***, también conocida como ***La Gloriosa***, que finalmente acabaría derrocando a **Isabel II** de forma definitiva. **Antonio de Orleans** había estado detrás de diversas conspiraciones y pretendía en lo más profundo de su ser llegar algún día a reinar sobre España, pero en 1869 mató en un duelo a pistola a **Enrique de Borbón**, hermano del depuesto rey consorte Francisco de Asís, lo que supuso un gran escándalo tanto en la Casa Real como entre el pueblo, destrozando así cualquier esperanza de poder llegar a reinar, puesto que la iglesia nunca permitiría que pudiera ser rey tras haber cometido homicidio.

Era tanta la influencia que ejercía Antonio de Orleans, que al salón de su palacio de San Telmo se le conocía como ***la Corte Chica***. Pues bien, cuentan que un día proclamó en ***la Corte Chica*** que, aunque él no pudiera llegar a ser rey, su hija sí que llegaría a ser reina. Y así fue cómo empezó a tejerse la tela de araña donde acabaría atrapado el joven rey **Alfonso XII** al caer completamente enamorado de **María de las Mercedes**, hija de los duques de Montpensier.

Portada del Palacio de San Telmo

Fachada del Palacio de San Telmo

¿Conoces la gran historia de amor de Alfonso XII y María de las Mercedes que tuvo como escenario la ciudad de Sevilla? ¿Por qué la reina Isabel II no acudió a los esponsales de su hijo con María de las Mercedes?

Alfonso XII tuvo una estrecha relación con la ciudad de Sevilla porque en ella residían sus tíos los duques de Montpensier y la hija de estos, María de las Mercedes de Orleáns y Borbón, que había nacido en el Palacio Real de Madrid y era sevillana de adopción. Alfonso y María de las Mercedes eran primos hermanos y por lo tanto se conocían desde niños, aunque fue en un encuentro que tuvieron en París en 1872 cuando se enamoraron y comenzaron una idílica y secreta relación amorosa. Mantuvieron en secreto la relación porque la exiliada reina **Isabel II** no quería que su hijo contrajera matrimonio con la hija de un enemigo suyo, por lo que los jóvenes se cruzaron innumerables cartas de amor entre ambos sin que nadie más fuera testigo de su idilio.

Finalmente, el amor de ambos se hizo público y contrajeron matrimonio el 23 de enero de 1878 en la madrileña basílica de Atocha, contando él con 21 años de edad y ella con 18, tras obtener la imprescindible dispensa papal por el cercano parentesco de los contrayentes. Aunque para dicho enlace tuvieron que vencer innumerables obstáculos, tanto a nivel familiar como a nivel estatal, puesto que el Gobierno español prefería que el joven rey se desposara con la princesa Beatriz, hija de la reina Victoria de Inglaterra. De hecho, fiel a su convicción, Isabel II fue la principal ausente en la ceremonia nupcial de su hijo con María de las Mercedes, a pesar de que contaba con un permiso especial para regresar temporalmente a España.

Y así fue como Alfonso XII y María de las Mercedes pudieron unirse en matrimonio por un amor verdadero y no por intereses familiares o políticos, a pesar de haber sido muy pocos los matrimonios reales realizados por amor a lo largo de la historia.

Sin embargo, la felicidad se torció a los cinco meses de haberse casado, pues María de las Mercedes cayó gravemente enferma. Al principio, los médicos estaban seguros de que los males que aquejaban a María de las Mercedes se debían a un embarazo, pero finalmente acabó muriendo de tifus en brazos del Rey, que quedaría desolado para toda la vida, puesto que jamás superó la muerte de su primera esposa.

La muerte de la reina Mercedes fue un acontecimiento que fue más allá de un simple drama familiar y dinástico, puesto que su muerte la sintieron como propia la mayoría de los españoles, pasando al acervo de las leyendas románticas de España, tal y como lo habían hecho ya el noviazgo y la boda. Así se disparó la inspiración popular para los **versos anónimos** que han llegado a cantar artistas tan importantes como **Marifé de Triana**, que vivió en la calle Alfarería del sevillano barrio de Triana.

Romance de la Reina Mercedes

Una dalia cuidaba Sevilla
en el parque de los Monparsié.
Ataviada de blanca mantilla
parecía una rosa de té.
De Madrid, con bigote y partilla,
vino un real mozo muy cortesano
que a Mercedes besó en la mejilla
pues son los niños primos hermanos.
Un idilio de amor empezó a sonreir.
Mientras cantan en tono menor
por la orillita del Guadalquivir.
Maria de las Mercedes
no te vayas de Sevilla,
que en nardo trocar se puede
el clavel de tus mejillas.
Que quieras o que no quieras,
y aunque tú no dices nada,
se nota por tus ojeras
que estás muy enamorada.
Rosita de Alejandría,
amor te prendió sus redes,
y puede ser que algun día,
amor te cueste la vida:
María de las Mercedes.
Una tarde de primavera
Merceditas cambió de color.
Y Alfonsito que estaba a su lado
fué y le dijo: ¿Qué tienes mi amor?
Y lo mismo que una lamparita
se fué apagando la soberana.
Y las rosas que había en su carita
se le volvieron de porcelana.
Y Mercedes murió empezando a vivir.
Y en la Plaza de Oriente hay dolor,
para llorarla fué todo Madrid.
María de las Mercedes
mi rosa más Sevillana,
porque te vas de mis redes
de la noche a la mañana.
De amores son mis heridas
y de amor mi desengaño,
al verte dejar la vida
a los dieciocho años.
Adiós princesita hermosa
que ya besarme no puedes,
Adiós carita de rosa,
Adiós mi querida esposa,
María, María de las Mercedes
María de las Mercedes
mi rosa más Sevillana,
porque te vas de mis redes
de la noche a la mañana.
En hombros por los madriles
cuatro duques la llevaron,
y se contaban por miles
los claveles que la echaron.
Te vas camino del cielo
sin un hijo que te herede
España viste de duelo
y el Rey no tiene consuelo
María de las Mercedes.

¿Sabías que Alfonso XII mandó construir la catedral de la Almudena para poder así tener la tumba de su primera esposa más cerca?

Los restos mortales de la reina María de las Mercedes fueron trasladados al **panteón de Infantes del monasterio de El Escorial**, ya que, al no haber dado a luz a ningún heredero a la corona no podía ser enterrada en el **panteón de Reyes**, lugar en donde están enterrados desde Carlos V, a casi todos los soberanos de España y las reinas que fueron madres de Reyes, salvo **Isabel de Farnesio** que está en la **Granja de San Ildefonso**. Por lo tanto, el rey **Alfonso XII** mandó levantar la **catedral de la Almudena** para depositar allí el cuerpo de su amada Mercedes, pero su temprana muerte no le permitió ver cumplido su sueño y última voluntad de tener la tumba de su primera esposa más cerca.

Sería su bisnieto, el rey **Juan Carlos I**, quien daría la orden de traslado del cuerpo de la reina Mercedes a la catedral de la Almudena en el año 2000, cumpliendo así el deseo de Alfonso XII.

¿Sabías que la *Galería de los doce sevillanos ilustres* situada sobre la balaustrada de la puerta de coches del palacio de San Telmo fue un encargo de los duques de Montpensier? ¿Qué artista realizó estos doce personajes ilustres y a quiénes representan?

La *galería de los doce sevillanos ilustres* es un conjunto de doce esculturas ubicado en el palacio de San Telmo de la ciudad de Sevilla, concretamente sobre la balaustrada de la puerta de coches del palacio de San Telmo, coronando la fachada de la calle Palos de la Frontera, en dirección al hotel Alfonso XIII. Fue un encargo de los **duques de Montpensier** en 1895 al escultor **Antonio Susillo**, puesto que compraron el palacio de San Telmo para convertirlo en su residencia y decidieron realizar varias reformas. Se trata, sin duda, de uno de los trabajos más importantes y reconocidos de Antonio Susillo.

Las esculturas representan a doce personalidades muy vinculadas a la ciudad hispalense, nueve de ellas nacidas en la ciudad, mientras que las otras tres restantes vivieron y murieron en ella. Estas personas fueron:

Detalle del personaje ilustre Juan Martínez Montañés

Detalle del personaje ilustre Diego Velázquez

Juan Martínez Montañés (1568-1649), escultor nacido en Alcalá la Real (Jaén) que completó su educación y vivió en Sevilla hasta sus últimos días, convirtiéndose en el máximo exponente de la escuela escultórica sevillana.

Rodrigo Ponce de León y Núñez (1443-1492), noble y militar nacido en Arcos de la Frontera (Cádiz), II marqués y I duque de Cádiz, destacado por ser uno de los principales capitanes de los Reyes Católicos en la Guerra de Granada.

Diego Rodríguez de Silva y Velázquez (1599-1660), pintor barroco, considerado uno de los máximos exponentes de la pintura española y maestro de la pintura universal.

Miguel de Mañara (1627-1679), fundador del hospital de la Caridad.

Lope de Rueda (1510-1565), que fue uno de los primeros actores profesionales españoles, además de dramaturgo y director de teatro. También se considera el precursor del Siglo de Oro del teatro comercial en España.

Diego Ortiz de Zúñiga (1636-1680), historiador reconocido sobre todo por su obra ***Annales eclesiásticos y seculares de la muy noble y muy leal ciudad de Sevilla, metrópoli de Andalucía***, publicada en 1677.

Fernando de Herrera (1534-1597), apodado «el Divino», escritor del Siglo de Oro, conocido especialmente por su obra poética.

Luis Daoíz (1767-1808), militar destacado por su participación en el levantamiento del 2 de mayo de la Guerra de la Independencia española.

Balaustrada de personajes ilustres del Palacio de San Telmo

Benito Arias Montano (1527-1598), humanista, hebraísta, biólogo y escritor políglota nacido en Fregenal de la Sierra (Badajoz), que se formó en la ciudad de Sevilla, a la que regresó en su retiro tras una fructífera carrera.

Bartolomé Esteban Murillo (1617-1682), pintor barroco crucial de la escuela sevillana de pintura, con un elevado número de discípulos y seguidores.

Fernando Afán de Ribera y Téllez-Girón (1583-1637), destacado por haber sido mecenas de las bellas artes y por su biblioteca en su residencia de la *Casa de Pilatos*.

Bartolomé de las Casas (1484-1566), autor de la *Brevísima relación de la destrucción de las Indias*.

¿Sabías que el origen del famoso parque de María Luisa se debe a un regalo de la hermana de la reina Isabel II? ¿Sabías que el diseño del parque de María Luisa se debe a dos jardineros franceses?

Los **duques de Montpensier** se establecieron en Sevilla en 1848, adquiriendo en 1849 el palacio de San Telmo. Con la idea de crear unos espectaculares jardines privados, adquirieron dos fincas aledañas al palacio, haciendo llamar al importante jardinero francés **Lecolant** para que diseñase un gran jardín acorde con la majestuosidad del edificio. El jardinero lo diseñó siguiendo la moda de la época, de estilo inglés y francés. Cuando el duque de Montpensier, **Antonio de Orléans**, falleció, su viuda, doña **María Luisa de Borbón**, donó la mayor parte de los jardines a la ciudad de Sevilla. Este fue el germen del parque que hoy conocemos como parque de María Luisa, llamado así en agradecimiento por tan generosa donación en 1893 por parte de la infanta de España María Luisa Fernanda de Borbón, hermana de la reina Isabel II.

El parque permaneció en estado salvaje hasta la realización de las obras para la **Exposición de 1929**, que supuso la renovación total de los jardines. Mientras que el arquitecto regionalista **Aníbal González** se encargó de las edificaciones, **Forestier**, ingeniero y jardinero, también de origen francés, tal y como había sucedido con Lecolant, se ocupó de los espacios verdes. Y, finalmente, el parque de María Luisa se abrió al público en la primavera de 1914.

Parque de María Luisa

SEVILLA DURANTE LA REGENCIA DE MARÍA CRISTINA DE HABSBURGO-LORENA Y DURANTE LOS PRIMEROS AÑOS DEL REINADO DE ALFONSO XIII

Cuando murió **Alfonso XII**, la reina **María Cristina de Habsburgo-Lorena** estaba embarazada de seis meses, por lo que gobernó España como regente de su hijo **Alfonso XIII**, nacido en Madrid en 1886.

La política española a finales del siglo XIX durante la **regencia de María Cristina** se distinguió por la alternancia en el poder entre los políticos conservadores y liberales, gracias a un acuerdo firmado el 25 de noviembre de 1885 conocido como «**Pacto del Pardo**». De este modo, **Cánovas del Castillo** y **Sagasta** gobernaron España durante etapas sucesivas de varios años. Las inclinaciones políticas de la regente fueron siempre hacia el político liberal Sagasta, a quien encomendó siete veces la presidencia del Consejo de Ministros, debiendo asumir la lamentable pérdida de las colonias americanas y asiáticas.

Cuando el rey Alfonso XIII cumplió su mayoría de edad en 1902 y subió al trono español, María Cristina de Habsburgo pasó a llamarse «**la Reina Madre**», falleciendo finalmente en 1929, enterrándose en el monasterio de El Escorial.

Alfonso XIII asumió las funciones constitucionales de Jefe de Estado con 16 años de edad. El 31 de mayo de 1906 se casó con la británica **Victoria Eugenia Ena de Battenberg** en Madrid, sufriendo ambos un atentado terrorista ese mismo día. Tuvieron seis hijos, nombrando como su sucesor a su hijo **Juan**, abuelo del actual rey **Felipe VI**.

Durante los primeros años de su reinado hubo una alternancia entre el **partido liberal** liderado por **Sagasta** y el **conservador** encabezado por **Cánovas del Castillo**, pero luego entraría en crisis debido al asesinato del presidente **Canalejas** y la subsiguiente fragmentación de dichos partidos políticos nacionales en diversas facciones. España sufrió una crisis como consecuencia de los problemas regionales, las huelgas revolucionarias y el fracaso en **Marruecos** entre otros.

¿Por qué motivo los españoles le pusieron el apodo de «doña Virtudes» a la regente María Cristina?

Alfonso XII no le fue fiel a María Cristina y tuvo **numerosas amantes**, siendo la más famosa **Elena Sanz**, con quien tuvo tres hijos.

María Cristina fue regente durante diecisiete años, tiempo durante el cual intentó resarcir el descrédito moral padecido por la familia real, impulsando unas rígidas reglas de conducta en la Corte y cambiando no solo la decoración del palacio sino también el servicio y las damas de compañía, que se hicieron famosas por su fealdad. Por todo ello, los españoles le pusieron el sobrenombre de «**doña Virtudes**».

¿Sabías qué decía de la regente el famoso político republicano Cánovas del Castillo?

El importante y famoso político republicano **Cánovas del Castillo** decía de la regente las siguientes palabras:

En la calle debe uno descubrirse hasta los pies cuando se encuentra al santísimo o a la Reina regente, María Cristina de Habsburgo.

¿Sabías que las fiestas seculares se instrumentalizaron durante la regencia de María Cristina para conseguir el conformismo de las clases populares sevillanas? ¿Cómo era la vida de la burguesía y nobleza sevillana durante la regencia?

Los años comprendidos entre 1885 y 1902 fueron años muy convulsos socialmente hablando en Sevilla, con grandes desilusiones entre las clases más humildes, por lo que se utilizó el folklore y las fiestas seculares para lograr el conformismo de las **clases populares de Sevilla**, quienes trataban de paliar su malestar sumergiéndose en sus tradiciones, leyendas, creencias y costumbres.

En contraste, la **burguesía y nobleza sevillana** durante la regencia vivieron años felices, destacando los paseos en coche de caballos de las clases pudientes; las primeras proyecciones cinematográficas a finales del verano de 1896, que tuvieron un gran éxito en la ciudad; las carreras de caballos en el hipódromo de Tablada, que había sido construido en 1874; o los conciertos hispalenses con las mujeres brillantemente vestidas y los hombres de frac.

Sin embargo, a la hora de la celebración de los **Carnavales**, participaban por igual las clases más pobres y las más pudientes.

¿Sabías que fue durante la regencia de María Cristina de Habsburgo cuando se fundó en Sevilla la institución religiosa de las Hermanas de la Cruz?

Durante la **regencia de María Cristina de Habsburgo**, surgió la necesidad en algunos círculos católicos de ayudar a los más necesitados, por lo que se fundó en Sevilla la **institución religiosa de las Hermanas de la Cruz**, que fue creada por **sor Ángela de la Cruz**, hoy santa. Hay que destacar que la institución fue apoyada tanto por miembros de la burguesía como de la nobleza hispalense, y que ha sido siempre muy querida en Sevilla.

¿Sabías que fue durante la regencia de María Cristina de Habsburgo cuando se fundó en Sevilla las Hermanas Concepcionistas de Sevilla y *El Correo* de Andalucía?

Durante la regencia de María Cristina de Habsburgo, se fundó en Sevilla las Hermanas Concepcionistas de Sevilla y *El Correo* de Andalucía. Este periódico fue fundado en 1899 por **Marcelo Spínola y Maestre** con el objetivo de lograr una prensa que no fuera adversa a la Iglesia católica. Fue párroco de San Lorenzo, director espiritual y mayordomo de la Cofradía del Gran Poder, arzobispo y cardenal, siendo declarado **beato** por el papa **Juan Pablo II**, quien rezó en 1982 ante su sepulcro, ubicado en la catedral de Sevilla, durante una visita que realizó a la ciudad hispalense.

¿Sabías que en el año 1892 se celebró en Sevilla el IV Centenario del Descubrimiento de América?

En el año 1892 se celebró en Sevilla el **IV Centenario del Descubrimiento de América**. Se trató de uno de los acontecimientos de mayor trascendencia que hubo en Sevilla durante la regencia de María Cristina de Habsburgo, destacándose el traslado de los **restos de Cristóbal Colón** desde **La Habana** para darle sepultura en la **catedral de Sevilla**, concretamente en el monumento realizado para dicho fin por el arquitecto y escultor madrileño **Arturo Mélida**.

¿Habías oído hablar del terremoto ocurrido en Sevilla en 1885 y de la crecida del río Guadalquivir en 1892? ¿Sabías que durante la regencia de María Cristina de Habsburgo comenzó la Universidad Pontificia de Sevilla y fueron cedidos la mayor parte de los jardines del palacio de San Telmo que serían el germen del parque de María Luisa?

Durante la Regencia de María Cristina de Habsburgo, ocurrió en Sevilla un terremoto en 1885, que provocó graves daños en la ciudad, y una fuerte crecida del río Guadalquivir en 1892. Además, la infanta **María Luisa** cedió a la ciudad en 1893 gran parte de sus **antiguos jardines privados de San Telmo**, tras quedar viuda de Antonio de Orleans, y cedió en 1897 el **palacio de San Telmo** para que fuese dedicado a **seminario**.

Y, para finalizar, cabría destacar que en octubre de 1897 se inauguró el primer curso de la **Universidad Pontificia de Sevilla**.

¿Cuántos mercados de abastos había en Sevilla a principios del siglo XX? ¿Has oído alguna vez hablar del «agua de los ingleses»? ¿Sabías que el arrabal de Triana era el más importante en extensión de toda Sevilla?

A principios del siglo XX había cuatro mercados de abastos en la ciudad de Sevilla, ubicados en **Triana**, **la Encarnación**, **Feria** y **San Agustín**, además de existir un mercadillo provisional en el *Postigo del Aceite*. Además, había más de doscientas tiendas de alimentos y bebidas y más de doscientas cervecerías, tabernas y cafés.

Aunque hoy día el ayuntamiento se encarga del abastecimiento de agua, a principios del siglo XX había además una empresa británica denominada ***The Seville Water Works Company Limited*** que suministraba agua a la ciudad, conociéndose popularmente a su agua como «**el agua de los ingleses**».

A comienzos del siglo XX, el **arrabal de Triana** era el más importante en extensión de toda Sevilla, pues contaba con cincuenta calles, diversas plazas, alrededor de mil quinientos edificios y tenía, además, **un mercado de abastos y un cementerio propios**. Pero, sobre todo, llama la atención la cuantiosa cifra de los habitantes de este barrio, pues sus dieciocho mil habitantes llegaban a superar incluso a los de algunas capitales de provincia de aquel entonces.

¿Cuándo se matriculó en Sevilla el primer automóvil?

Hasta el año 1905 no se matriculó el primer automóvil en la ciudad de Sevilla, y solo cinco años después, en 1910, Sevilla contó con un parque automovilístico de sesenta y seis automóviles.

¿Sabías que la espectacular casa situada en la calle Alfonso XII de estilo modernista fue realizada por Aníbal González Álvarez-Ossorio?

El arquitecto **Aníbal González Álvarez-Ossorio** está considerado como el principal referente del **regionalismo andaluz** de principios del siglo XX, destacando la plaza de España entre sus obras. Sin embargo, el primer estilo arquitectónico que adoptó Aníbal González, tras finalizar sus estudios universitarios, fue el del **modernismo**, seguramente debido a las influencias vanguardistas procedentes de Europa y Cataluña.

De hecho, levantó en Sevilla diferentes edificios de este estilo, pero quedan pocas evidencias de ello hoy día debido a la destrucción de muchas de sus obras.

Como ejemplo de la etapa modernista de Aníbal González en Sevilla destaca la valiosa y espectacular **casa para Laureano Montoto** realizada en la **calle Alfonso XII**, que fue proyectada en 1905 y acabada en 1906. Esta casa representa uno de los mejores experimentos modernistas realizados en la ciudad hispalense.

Casa para Laureano Montoto en la calle Alfonso XII

SEVILLA Y LA EXPOSICIÓN IBEROAMERICANA DE 1929

Desde 1909 estaba latente la idea de celebrar en Sevilla la **Exposición Iberoamericana**, pero no se llegaba a concretar. De hecho, había intención de que fuese celebrada en 1914, pero el **conflicto de Marruecos** y el estallido de la **Primera Guerra Mundial** paralizaron el proyecto.

Finalmente, se pudo inaugurar el 9 de mayo de 1929 gracias al apoyo de **la Corona** y del dictador **Miguel Primo de Rivera**, siendo el comisario regio **don José Cruz Conde**, y durando su celebración hasta el 30 de junio de 1930.

La Exposición Iberoamericana constaba de diversas tipologías de pabellones según quienes lo construyeran y lo ocuparan.

Participaron **países extranjeros**, estando representados con los pabellones de **Portugal**, de la Colonia Portuguesa de **Macao**, de **Argentina**, de **Perú**, de **Colombia**, de **Venezuela**, de **México**, de **Uruguay**, de los **Estados Unidos de América**, de **Brasil**, de **Cuba**, **Guatemala** y de **Santo Domingo**. También participaron otros países exponiendo en las **Galerías Americanas**, ubicadas en los almacenes del puerto situados en la avenida de la Raza.

Además, hubo **pabellones regionales** —**Jaén, Almería, Córdoba, Málaga, Cádiz, Huelva, Granada, Murcia, Valencia, Barcelona, Navarra, Galicia, Extremadura, Asturias, Vascongadas, Jerez, Castilla la Nueva** y **Castilla la Vieja, Aragón** y **Canarias**.

Y algunas **empresas e instituciones particulares** tuvieron su propio pabellón, siendo un total de treinta y seis los pabellones.

El conjunto de la Exposición Iberoamericana tuvo un total de ciento diecisiete edificios.

¿Qué supuso la Exposición Iberoamericana para la ciudad de Sevilla? ¿Cuáles fueron los principales cambios urbanísticos que sufrió Sevilla antes de 1930?

El gran evento iba a atraer a muchísimas personas procedentes de otras ciudades españolas, además de distintos países y distintos continentes, por lo que se decidieron acometer una serie de **reurbanizaciones** en la ciudad de Sevilla de cara a la exposición, puesto que, urbanísticamente hablando, Sevilla estaba muchísimo más atrasada que otras ciudades españolas y europeas.

Dicha exposición propició un gran impulso constructivo y urbanístico sin el cual la ciudad hispalense sería a día de hoy muy diferente, aunque hay que señalar que aquello dejó en un estado lamentable las arcas municipales, debiendo pasar muchos años para recuperarse de aquellos exorbitados gastos.

En primer lugar, se realizaron importantes **reformas** en el barrio de Santa Cruz, se realizaron los **ensanches** de distintos lugares hispalenses, entre los que cabe destacar el de la **Puerta de Jerez** o el de la calle Manuel Carriedo, hoy conocida por todos como **calle San Jacinto** en el barrio de Triana. Además, se solventó en buena parte el problema del **abastecimiento de agua**, se acometieron las obras de transformación de todo el **alcantarillado** y se **pavimentaron** numerosas vías urbanas.

Entre 1920 y 1930 surgieron en Sevilla distintos barrios nuevos, tales como **Nervión, el Porvenir, el Cerro del Águila, Heliópolis, España** y **Ciudad Jardín**, además de construirse los **puentes** de **San Bernardo**, en la puerta de la Carne, y el de **Alfonso XIII** sobre el río Guadalquivir, aunque este último fue desmontado en 1998 y su antigua estructura de hierro está situada a día de hoy en territorios de la Junta de Obras del puerto.

Por supuesto, los antiguos jardines privados del palacio de San Telmo que la infanta María Luisa había donado a Sevilla se convirtieron en un punto neurálgico de la muestra, haciendo llamar al **jardinero francés Forestier** para hacerse cargo de las reformas pertinentes de las zonas verdes. Además, en el **parque de María Luisa** se dedicaron diversas **glorietas** a personajes destacados para España y especialmente para la ciudad hispalense, entre las que cabe destacar la de los **hermanos Álvarez Quintero** y los **hermanos Machado**.

Además, dentro del propio recinto de la Exposición se construyeron lugares tan emblemáticos como las actuales **plazas** de **España** y de **América**.

Finalmente, destacar la construcción del **teatro Lope de Vega** y el **Casino de la Exposición**. Se trata de un edificio neobarroco que fue construido para ser el **pabellón de Sevilla** de la Exposición Iberoamericana y que, además de albergar un hermoso teatro, tiene también un «Gran Salón de Fiestas» con varias dependencias, conocido como ***Casino de la Exposición***.

Casino de la Exposición

¿Quién fue el autor de los tres edificios situados en la plaza de América y qué finalidad tuvieron en la Exposición Iberoamericana de 1929?

La plaza de América es un espacio ajardinado situado en el interior del parque de María Luisa. En dicha plaza se sitúan tres pabellones que fueron construidos por el arquitecto **Aníbal González** entre 1913 y 1916 para la futura **Exposición Iberoamericana de 1929**, aunque cada uno tiene un estilo arquitectónico diferente.

Estos tres edificios son el **Pabellón Real** —de estilo neogótico—, el actual Museo Arqueológico —de estilo neorrenacentista—, que fue el **antiguo pabellón de Bellas Artes** de la Exposición Iberoamericana de Sevilla, y el actual Museo de Artes y Costumbres Populares —de estilo neomudéjar—, que fue el **pabellón de Arte Antiguo** de la Exposición Iberoamericana de 1929.

Estanque de la plaza de América y al fondo el Museo Arqueológico

Museo Arqueológico

Museo de Artes y Costumbres Populares

La plaza de España de Sevilla es uno de los mejores ejemplos de arquitectura regionalista en el Sur de España, pero, ¿qué fue exactamente la arquitectura regionalista?

La **arquitectura regionalista** es una corriente arquitectónica que surgió en España entre finales del siglo XIX y comienzos del siglo XX y cuya finalidad era la de plasmar arquitectónicamente la esencia artística de las regiones. Fue especialmente importante el **regionalismo historicista** en **Andalucía**, destacando el **neomudéjar** y la utilización de azulejos en la decoración de sus fachadas. Se desarrolló de forma paralela a otras corrientes historicistas en las que se utilizan, a modo de recuerdo evocador, modelos arquitectónicos del pasado.

Plaza de España

¿Sabías que la plaza de España fue la obra más costosa de las realizadas para la Exposición Iberoamericana del año 1929? ¿A qué importante arquitecto fue encargada la realización de la plaza de España?

La plaza de España de Sevilla es uno de los rincones más hermosos de Sevilla y uno de los espacios más espectaculares de la arquitectura regionalista en el Sur de España.

Sin duda alguna, constituyó la obra más costosa de todas las realizadas con motivo de la Exposición Iberoamericana del año 1929, llegando a trabajar en su construcción mil hombres al mismo tiempo.

Fue encargada al arquitecto **Aníbal González** —que también era arquitecto director del evento—, y finalmente fue inaugurada por el rey **Alfonso XIII**, quien también había colocado la primera piedra.

Plaza de España

¿Sabes que simboliza la plaza de España? ¿Qué simbolizan los tres pabellones y los cuatro puentes de la plaza de España? ¿Sabías que cada uno de los bancos cerámicos de esta plaza está dedicado a cada una de las provincias españolas peninsulares —excepto Sevilla— y los dos archipiélagos?

Simboliza el abrazo de España a sus antiguos territorios americanos y mira hacia el río Guadalquivir como camino a seguir hacia América.

Dos **torres** flanquean el conjunto, denominadas **Norte** y **Sur**, y entre ambas hay tres pabellones intermedios, que corresponden a la puerta de **Aragón**, la puerta de **Castilla** y la puerta de **Navarra**, es decir, los tres antiguos reinos españoles. En cambio, hay **cuatro puentes** en lugar de tres, simbolizando cada uno de ellos los cuatro reinos españoles que hubo antes de la unión de los reinos de Castilla y León en uno solo.

Además, la plaza de España consta de **cuatro tramos** de **catorce arcos** cada uno, en cuya parte inferior se sitúan en total **cuarenta y ocho bancos de cerámica** dedicados a cada una de las cuarenta y seis **provincias españolas peninsulares** —todas excepto Sevilla— y los dos **archipiélagos** —Canarias y Baleares—. Cada banco tiene un escudo, un mapa y un paño de azulejo pisano donde se representan los principales y más característicos hechos históricos de la provincia o archipiélago representado, colocados en orden alfabético.

Plaza de España

Uno de los cuatro puentes de la plaza de España

Pabellón central de la plaza de España. Corresponde a la puerta de Castilla

Bancos de la plaza de España

Detalles de los bancos y paños de azulejos de la plaza de España

LEON

MADRID

MURCIA

Detalles de los bancos y paños de azulejos de la plaza de España

¿Qué dijo Alfonso XIII cuando vio terminada la plaza de España?

Cuando el rey Alfonso XIII contempló la Plaza de España terminada en 1929 dijo:

Señores, yo sabía que esto era bonito, pero no tanto.

Torre de la plaza de España

¿Sabías que la plaza de España fue el edificio de mayor tamaño que se construyó en Sevilla durante todo el siglo XX?

La plaza de España de Sevilla fue el edificio más grande de los que se levantaron en la ciudad durante todo el siglo XX.

Plaza de España

¿Sabías que la Academia de Cine Europeo ha elegido a la plaza de España de Sevilla como Tesoro de la Cultura Cinematográfica Europea?

La plaza de España ha sido escenario de muchas famosas películas, destacándose entre ellas ***Lawrence de Arabia*** (1962), donde la plaza representaba el cuartel general del ejército británico en El Cairo; ***El Viento y el León*** (1975), que fue protagonizada por Sean Connery y donde la plaza se muestra mientras unas tropas desfilan; o ***Star Wars Episodio II: El Ataque de los Clones*** (2002), perteneciente a la saga de ***La Guerra de las Galaxias***, donde, aunque el escenario de la filmación fue modificado digitalmente, la plaza representa el planeta ***Naboo***.

Por todo ello, la **Academia de Cine Europeo** ha elegido a la plaza de España como **Tesoro de la Cultura Cinematográfica Europea**.

Plaza de España

¿Sabías que el famoso hotel Alfonso XIII fue realizado con motivo de la Exposición Iberoamericana de 1929? ¿Tenías constancia de que durante la Segunda República este hotel pasó a denominarse hotel Andalucía Palace? ¿Sabías que en este hotel se rodaron algunas escenas de la famosa película Lawrence de Arabia?

A comienzos del siglo XX se llevó a cabo un **concurso** para la realización de un **hotel** para la Exposición Iberoamericana de 1929. Las bases de dicho concurso fueron redactadas por el arquitecto regionalista **Aníbal González**, quien estuvo a cargo de todas las obras constructivas de cara a la muestra.

Finalmente, el concurso lo ganó el arquitecto **José Espiau y Muñoz**, llevándose a cabo la construcción del hotel entre 1916 y 1928.

Constituye un destacado ejemplo de **arquitectura historicista**, con raíces en el estilo regionalista andaluz y neomudéjar. Hay que tener presente que este historicismo es algo característico del resto de edificios realizados para la Exposición Iberoamericana de 1929.

La fachada y el interior poseen una gran riqueza de elementos decorativos y detalles, llevados a cabo con materiales propios de la región, tales como el ladrillo, el yeso, la madera y la cerámica.

El interior consta de un espacioso patio y ocho salones para banquetes y actos de etiqueta. Además, hay alfombras que fueron realizadas en la antigua Real Fábrica de Tapices.

De todas las estancias, sobresale por su tamaño y ornamentación el **Salón Real**, que era el antiguo comedor principal del hotel, en cuyo interior cuelgan once bellas arañas de cristal de Bohemia y bronce patinado en oro.

Como curiosidad, decir que el hotel fue inaugurado oficialmente el 28 de abril de 1928, con la celebración de un lujoso banquete presidido por el rey **Alfonso XIII** y la reina **Victoria Eugenia**, con motivo de la concertación del enlace matrimonial entre la **infanta Isabel Alfonsa** con el **conde Juan Zamoyski**, siendo de destacar la decoración de farolillos y guirnaldas.

Otro dato curioso es que su nombre no ha sido siempre hotel Alfonso XIII, puesto que, durante la **Segunda República**, pasó a denominarse **hotel Andalucía Palace,** recuperando tras la Guerra Civil su primitivo nombre, que conserva hoy día.

Y, finalmente, decir que en 1962 se rodaron en el hotel algunas escenas de la famosa película ***Lawrence de Arabia***.

Hotel Alfonso XIII

Hotel Alfonso XIII

¿Sabías que la glorieta de Gustavo Adolfo Bécquer es un homenaje a este escritor y poeta y a su rima titulada *El amor que pasa*?

La glorieta de **Gustavo Adolfo Bécquer** es una de las glorietas más famosas del **parque de María Luisa**. Destaca por su original composición, por su exquisita realización y belleza, además de tratarse de un canto al amor. De hecho, es habitual que muchas parejas de enamorados vayan a dejar flores para, de este modo, celebrar simbólicamente su amor.

El conjunto escultórico se erige sobre una base poligonal. El monumento de mármol en sí se encuentra en torno a un impresionante árbol. Concretamente se trata de un ciprés de los pantanos o ciprés calvo que fue plantado hacia mediados del siglo XIX. Es una especie originaria del Mississippi y puede vivir durante al menos trescientos años.

Grandes personajes de la literatura y el arte confluyeron en su creación. En primer lugar, fue erigido por iniciativa de los **hermanos Álvarez Quintero**, quienes lo financiaron en su mayor parte, para conmemorar así a uno de los mayores escritores sevillanos: Gustavo Adolfo Bécquer. Y, en segundo lugar, su proyección se debe al gran escultor del siglo XX **Lorenzo Coullaut Valera** y fue inaugurado finalmente el día 9 de diciembre de 1911.

Glorieta de Gustavo Adolfo Bécquer

Glorieta de Gustavo Adolfo Bécquer

Está dedicado al romántico poeta Gustavo Adolfo Bécquer, autor de ***Rimas y Leyendas***, sin lugar a dudas su más famosa obra literaria. Por tanto, aparece un busto de él tallado en mármol y elevado sobre un alto pedestal del mismo material en el que se hallan talladas las fechas de su nacimiento y muerte.

Se conservan diversos retratos del poeta sevillano gracias a su hermano, el pintor romántico **Valeriano Bécquer**, pudiendo visitar su tumba en el **panteón de Sevillanos Ilustres de Sevilla**, e incluso pudiendo contemplar la fachada de la casa donde nació en el número 28 de la **calle** sevillana del **conde de Barajas.**

La glorieta de Gustavo Adolfo Bécquer es un canto al amor. Sentadas sobre un banco de mármol aparecen representadas tres figuras femeninas que se hallan talladas en una misma pieza de mármol. Simbolizan **el amor ilusionado**, **el amor poseído** y **el amor perdido**. Por consiguiente, representan la rima ***El amor que pasa***, compuesta por Bécquer.

Además, finalizan el conjunto dos figuras realizadas en bronce. En primer lugar, se encuentra un **Cupido**, antiguo personaje mitológico grecorromano que con sus flechas enamoraba a los humanos que a este caprichoso ser se le antojaba. En segundo lugar, se halla un **hombre con una flecha clavada**. Por consiguiente, ambas esculturas simbolizan respectivamente **el amor que hiere** y **el amor herido**.

Glorieta de Gustavo Adolfo Bécquer

Rima *El amor que pasa:*

Los invisibles átomos del aire
en derredor palpitan y se inflaman;
el cielo se deshace en rayos de oro;
la tierra se estremece alborozada;
oigo flotando en olas de armonía
rumor de besos y batir de alas;
mis párpados se cierran... ¿Qué sucede?

Detalle del Amor Herido de la glorieta de Gustavo Adolfo Bécquer

¿Sabías que los jardines de Murillo fueron antiguamente huertas pertenecientes a los Reales Alcázares? ¿Tenías constancia de que no siempre se llamaron estos jardines de la misma forma?

A comienzos del siglo XX, el lugar que actualmente ocupan los jardines de Murillo eran **huertas** —Huerta del Retiro— de los jardines del **Alcázar de Sevilla**.

En 1911, por ruego del **alcalde**, **conde de Halcón**, el rey **Alfonso XIII** cedió al Ayuntamiento de Sevilla estos terrenos para poder realizar unos jardines. En la zona había trozos de muralla y la tapia de la huerta del Retiro, pero, en 1911, algunos de estos trozos y la tapia fueron derribados para crear una zona verde que comunicase el sureste del barrio Santa Cruz con la Ronda Histórica.

En la actualidad se conoce a estos terrenos como los **jardines de Murillo**, aunque no siempre se llamaron así. Al principio se llamaron **jardines de Talavera**, en honor del arquitecto municipal **Juan Talavera y Heredia** que fue el encargado de diseñar la estructura de paseos y glorietas de estos jardines.

El nombre de Murillo fue propuesto por el director del periódico ***El Liberal***, **José Laguillo y Bonilla**, para así rendir homenaje al gran pintor del barroco sevillano.

Jardines de Murillo

Jardines de Murillo

¿Sabías que el edificio comercial de *Ciudad de Londres* está inspirado en el pabellón Mudéjar realizado por Aníbal González?

El edificio comercial de ***Ciudad de Londres*** situado en la calle Cuna en la esquina con la calle Cerrajería, fue realizado por el arquitecto **José Espiau y Muñoz**.

Aunque este arquitecto realizó algunas obras modernistas en sus primeros años, poco tiempo después abandonó dicho estilo y toda su obra restante fue regionalista.

Entre 1911 y 1914 **Aníbal González** realizó el **pabellón Mudéjar** y el arquitecto **Espiau y Muñoz** se inspiró en tal obra para el edificio ***Ciudad de Londres***, que a su vez sirvió de inspiración para algunas de las obras arquitectónicas de **Juan Talavera y Heredia**.

Otro edificio realizado por **Espiau** que guarda relación estilística con este edificio de la calle Cuna es el edificio regionalista ***La Adriática***, situado en la avenida de la Constitución.

Ciudad de Londres

Ciudad de Londres

Ciudad
de Londres

El Edificio de La Adriática fue proyectado por el arquitecto José Espiau y Muñoz para la prestigiosa Compañía de seguros La Adriática. Se construyó entre 1914 y 1922

En este edificio se puede apreciar una combinación de elementos propios del arte islámico y el estilo renacentista plateresco, además de otros claramente regionalistas

Edificio de la Telefónica de Sevilla

¿Sabías que el Edificio de la Telefónica de Sevilla se trata de uno de los mejores ejemplos de la arquitectura neobarroca sevillana? ¿En qué famosos edificios de la ciudad se inspiró su diseñador?

El Edificio de la Telefónica de Sevilla es una de las obras más emblemáticas del **regionalismo neobarroco hispalense**, siendo de destacar su **inspiración** en edificios que habían sido realizados por el gran arquitecto barroco **Leonardo de Figueroa**, entre los que cabe destacar la **iglesia de San Luis de los Franceses**, el **palacio de San Telmo** o la **iglesia de la Magdalena**.

Su diseño se debe al arquitecto sevillano **Juan Talavera y Heredia** y fue construido entre 1926 y 1929.

Detalle del edificio de la Telefónica de Sevilla

¿Eras consciente de que muchos emblemáticos y famosos monumentos sevillanos se deben a los años inmediatos a la Exposición Iberoamericana de 1929?

En la década comprendida entre 1920 y 1930, la ciudad de Sevilla vio como crecía su patrimonio urbano con numerosos **monumentos**, tales como los de **Catalina de Rivera**; de **Cristóbal Colón** en los jardines de Murillo; el de **Martínez Montañés** —ubicado actualmente en su lugar original, es decir, en la plaza del Salvador, después de haber estado durante varios años en la avenida de la Constitución—; el del rey **San Fernando** en la plaza Nueva; el de la **infanta María Luisa** en el parque dedicado a su persona; el del **Cid Campeador**, frente a la Fábrica de Tabacos, actual Universidad de Sevilla; el de **Zurbarán**, ubicado originalmente delante del pabellón de Extremadura y actualmente situado en la plaza de Pilatos.

Monumento de Catalina de Rivera

Monumento del rey San Fernando

SEVILLA DURANTE LA SEGUNDA REPÚBLICA ESPAÑOLA

Alfonso XIII se vio obligado a abandonar España y su trono tras las elecciones municipales que se celebraron el 12 de abril de 1931, ya que la postura antimonárquica triunfó en cuarenta y una capitales de provincia, triplicando en Madrid los concejales republicanos a los monárquicos, mientras que en Barcelona los cuadruplicaban.

Tras emitir un comunicado de prensa, que solo publicó el **diario *ABC* de Madrid**, Alfonso XIII abandonó España sin llegar a abdicar formalmente, fijando finalmente su residencia en la italiana ciudad de Roma. Fue en enero de 1941 cuando abdicó a favor de su tercer hijo, **Juan**, abuelo del actual rey Felipe VI.

Los primeros ayuntamientos en proclamar **la II República Española** fueron los de **Eibar** (Guipúzcoa), **Sahagún** (León) y **Jaca** (Huesca), y lo hicieron el 13 de abril de 1931. Al día siguiente lo hicieron los ayuntamientos de **Madrid** y de otras capitales de España, entre las que se hallaban **Sevilla**.

¿Cómo fue la proclamación de la II República Española en la ciudad de Sevilla?

El martes 14 de abril de 1931 se reunieron muchísimas personas en la **plaza Nueva** sobre las cuatro de la tarde. A las 17:20, un joven subió hasta lo alto del **monumento** dedicado en la plaza a **San Fernando** y colocó una **bandera roja** en la cabeza del caballo, mientras gritaba: «**Viva el cantón rojo de Triana**».

Plaza Nueva y monumento a San Fernando

A las 17:35 horas, el alcalde provisional y varias personas aparecieron en el balcón principal del **Ayuntamiento** para arriar la **bandera tricolor de la República**, produciéndose un impresionante clamor por parte de la muchedumbre que llenaba la plaza Nueva y las entradas a las calles Tetuán y Granada. También se abrieron las otras ventanas del Ayuntamiento, desde las que fueron arrojadas **fotografías de Alfonso XIII** mientras se oían gritos diciendo: «**¡Muera el rey!**».

A continuación, la multitud se encaminó hacia la **puerta de Jerez** mientras exclamaba entusiasmados **«vivas» a la República y mueras al rey**.

¿Qué ocurrió en Sevilla tras proclamarse la II República Española? ¿Sabías que el monasterio del Espíritu Santo, ubicado en la calle Dueñas, fue salvado de las llamas gracias a los zapatazos de unas prostitutas?

Tras la Exposición Iberoamericana de 1929, Sevilla atravesó una importante y ardua crisis económica, siendo de destacar que numerosas familias se encontraban sin trabajo, viviendo en corrales de vecinos y sufriendo excesivas injusticias a nivel social. Esto incrementó aún más la radicalización de ciertos sectores sociales, como la persecución religiosa de mayo de 1931, que llevó a **incendiar las escuelas de los jesuitas en la plaza de Villasís**, **la capilla de San José** situada en la calle Jovellanos y **la iglesia de San Julián**, donde se quemó la imagen de la **Virgen de la Hiniesta** que había realizado el gran artista granadino **Alonso Cano**. Además, intentaron quemar un considerable número de iglesias y conventos, llegando a salvarse de las llamas algunos de ellos por tan peculiares circunstancias, como sucedió con el **monasterio del Espíritu Santo**, ubicado en la calle Dueñas, donde unas prostitutas impidieron el desastre dando zapatazos a los incendios.

También desaparecieron de la ciudad de Sevilla muchas huellas monárquicas y religiosas, pues, entre otras actuaciones, se cambiaron los nombres de las calles que tenían referencias religiosas y quitaron la estatua en bronce de Fernando VII que había en los jardines de San Telmo para llevarla hasta el museo de la torre de don Fadrique, donde sigue arrumbada a día de hoy.

¿Has oído hablar del «Moscú sevillano»? ¿Sabías que el 22 de julio de 1931 el Gobierno central tuvo que decretar el estado de guerra en Sevilla? ¿Sabías que Sevilla durante la II República era conocida como «Sevilla la Roja»? ¿Sabías que fracasó rotundamente el intento por parte del Partido Comunista de acabar con la Semana Santa de Sevilla? ¿Sabías que fue un telegrafista sevillano quien impidió que se produjera el golpe de Estado protagonizado por el general Sanjurjo?

El domingo 19 de julio de 1931 muchísimos establecimientos aparecieron con carteles que anunciaban una huelga general y piquetes de obreros recorrieron varios barrios hispalenses, comenzando el denominado «**Moscú sevillano**». Por ello, el 22 de julio de 1931 el Gobierno central tuvo que decretar el **estado de guerra en Sevilla** y el **Ejército** ocupó el centro de la ciudad hispalense. Pero, de todos los hechos producidos con ocasión de aquello, el más curioso fue la destrucción con piezas de artillería de la taberna donde se reunían los comunistas sevillanos, denominada ***Casa Cornelio***, que se encontraba en el mismo lugar que actualmente ocupa la basílica de la Esperanza Macarena.

Sevilla se convirtió en una de las ciudades más conflictivas y anárquicas para el gobierno español durante los años consecutivos a la proclamación de la II República, motivo que llevó a denominar a la ciudad hispalense con el sobrenombre de «**La Roja**». Destaca el hecho de que durante los cinco años y tres meses que duró la II República, Sevilla llegara a tener dieciséis gobernadores civiles, se llevaran a cabo innumerables huelgas y hubiera muertes ocasionadas por los frecuentes enfrentamientos entre los propios partidos y sindicatos obreros. No deja de ser llamativo el rotundo fracaso que sufrió **el Partido Comunista** ante su intento de terminar con la **Semana Santa** e incluso el fracaso del intento por parte de los derechistas de dar **un golpe de Estado** protagonizado por **el general Sanjurjo** gracias a la intervención de **un telegrafista sevillano**.

SEVILLA DESDE LA FINALIZACIÓN DE LA GUERRA CIVIL HASTA LOS PRIMEROS AÑOS DE LA DEMOCRACIA

La ciudad de Sevilla jugó un papel decisivo al comenzar la **Guerra Civil** española que tuvo lugar entre 1936 y 1939, y no hay que olvidar que también había sido conocida durante la **II República** como «**Sevilla la Roja**», habiendo importantes conflictos en los barrios de la Macarena, Triana, San Roque y San Bernardo.

Tras la Guerra Civil (1936-1939), **Francisco Franco Bahamonde** pasó a ser el máximo gobernante de España hasta su muerte en 1975. Era llamado «caudillo» y «generalísimo».

Como medios propagandísticos del **franquismo** fueron fundamentales el «**No-Do**» y **Radio Nacional**, ambos bajo un fuerte control político. En contraposición, los vencidos crearon **Radio Pirenaica**, cuyas emisiones comenzaron desde Moscú en 1941 y contaba con muchísimos oyentes españoles que, ansiosos de libertades públicas, la seguían de forma clandestina.

Durante los primeros años del franquismo se trató de reconstruir el país, siendo de destacar la creación de organismos como el **Seguro Obligatorio de Enfermedad**, el **Instituto Nacional de Industria** y las **Cortes Españolas**.

Al mismo tiempo, tiene lugar la **II Guerra Mundial**, donde, aunque España no participó bélicamente, se vería seriamente afectada, puesto que **Franco** mantuvo varias entrevistas con **Mussolini**, **Petain y Hitler**, acordando con este último enviar cien mil trabajadores a Alemania, además de soldados con la llamada ***División Azul*** para luchar en el frente ruso. Ello conllevó la pérdida de muchísimos hombres, pues hubo casi cuatro mil muertos, más de ocho mil heridos y más de trescientos desaparecidos. Y también supuso la expulsión de España de las Naciones Unidas, la retirada de embajadores de países como Francia, Inglaterra o Estados Unidos, y la exclusión del ***Plan Marshal***.

El **bloqueo internacional** que sufrió España fue paliado por la ayuda de **Argentina**, pues envió considerables cantidades de alimentos, especialmente trigo. Pero, a pesar de ello, resultó necesaria la instauración de **cartillas de racionamiento** y **el estraperlo**, puesto que junto al bloqueo internacional se unieron las graves condiciones meteorológicas y las sequías, con sus consabidas hambrunas.

A pesar de esta situación, los españoles buscaron diversiones y entretenimientos que lograran paliar sus pesares, tal y como ocurrió en la ciudad hispalense, además de darse ciertos avances.

Durante los años 50, surgió la llamada «**guerra fría**» como consecuencia de la Segunda Guerra Mundial, dividiéndose internacionalmente los países en dos grandes bloques enfrentados entre sí. Uno era la defensa del **comunismo**, liderado por la **Unión Soviética**, y otro era la defensa del **capitalismo**, liderado por **Estados Unidos**. Ante dicha situación, Franco acabó uniéndose a uno de estos bloques para conseguir así salir del aislamiento internacional en el que se había encontrado España. La alianza con Estados Unidos tanto a nivel político como militar originó que las familias españolas más desfavorecidas recibieran leche en polvo, queso y otros alimentos mandados por los norteamericanos con la intención de mitigar la hambruna que había sido heredada de la anterior década de los años 40. Al mismo tiempo, el anterior bloqueo internacional quedó atrás y España fue admitida dentro de **la FAO, la OMS, la UNESCO, la ONU** y **la OCDE**.

En resumen, durante la década de los 50 se sentaron las bases para el posterior surgimiento de una clase media en España y en la ciudad de Sevilla.

Iglesia de San Luis
de los Franceses

Su ubicación durante la Guerra Civil evitó que fuera incendiada como las iglesias vecinas, puesto que se encontraba al lado del centro de la resistencia en Sevilla durante la ocupación de Queipo de Llano

Iglesia de San Luis de los Franceses

Iglesia de San Luis de los Franceses

Durante la **década de los años 60**, la sociedad española vivirá grandes cambios debido a diversos motivos, tales como los deseos de cambio de nuevas generaciones que no habían participado en la guerra civil pero que habían sufrido sus consecuencias, o los intensos movimientos migratorios de españoles que soñando con una vida mejor migrarán hacia otras ciudades españolas como **Cataluña, Madrid** y **el País Vasco**, e incluso hacia otros países europeos como **Alemania, Francia, Bélgica** y **Holanda**.

Otro de los profundos cambios que sufrió España durante los años 60 se va a deber a la visión de futuro de algunos políticos como **Manuel Fraga Iribarne**, que impulsó la llegada de grandes masas de turistas desde el **Ministerio de Información y Turismo**. Y para tal fin se crearon **hoteles**, **paradores** y se realizaron **reformas en las playas** para adecuarlas a tales fines, entre muchas otras actuaciones, llegando a convertir **el turismo** en la **primera industria del país** bajo el lema: «**España es diferente**».

Además, en la vida doméstica de los años 60 también se produjeron importantes cambios, con la introducción de **cocinas de gas butano**, **lavadoras automáticas** y **televisores**, entre otros muchos electrodomésticos que originaron un cambio de costumbres y una mejor calidad de vida.

En la **década de los años 70**, se producen inquietudes entre las nuevas generaciones de españoles que van a querer cambiar las cosas. También tuvo lugar el **asesinato del presidente del Gobierno Luis Carrero Blanco**, concretamente el 20 de diciembre de 1973, y el régimen franquista empezaba a dar muestras de debilidad. Sin embargo, los cambios no fueron realmente posibles hasta la muerte de **Franco** en 1975, tras lo cual, es nombrado **Jefe del Estado Juan Carlos I**, padre del actual rey Felipe VI. Aunque al principio estuvo **Carlos Arias Navarro**, en 1976 se nombra a **Adolfo Suárez González** como **nuevo presidente del Gobierno**, gracias a quien se produciría una **Transición** que resultó ser todo un ejemplo a seguir para otros países gobernados por dictaduras. Tras cuarenta años de dictadura, tuvieron lugar en junio de 1977 las **primeras elecciones democráticas**.

Y, finalmente, en 1978, se redactó una **nueva Constitución** que sigue estando vigente actualmente y que abrió las puertas al **Estado de las Autonomías** y a una verdadera y moderna democracia donde se reconocían las libertades, deberes y derechos de todos los españoles.

¿Qué avances y cambios se produjeron en la ciudad de Sevilla durante la década de los años cuarenta?

Durante la década de los años cuarenta se produjeron en Sevilla algunos avances y cambios importantes, a pesar de sufrir la difícil situación española de estos años.

Entre dichos cambios y mejoras cabe destacar que se procedió a **finalizar el nuevo cauce del río** desde San Juan de Aznalfarache hasta un poco más arriba de Chapina, terminando las obras en 1950. Esto se hizo para evitar las terribles **inundaciones** que durante siglos había sufrido Sevilla, siendo de destacar que solo en la década de los cuarenta sufrió tres inundaciones —1941, 1947 y 1948.

Otros cambios fueron: el hecho de que el aeropuerto de San Pablo se convirtiera en transoceánico en 1944 o el incremento considerable del parque automovilístico hispalense, llegando a alcanzar en 1950 las 21.013 unidades.

¿Qué nuevas diversiones surgieron en Sevilla en la década de los cuarenta? ¿Sabías que durante los años cuarenta *El Rinconcillo* era la única taberna donde estaba permitido estar de madrugada?

Surgieron nuevas formas de diversión. Así, aparecieron, por un lado, **las salas de fiesta** y, por otro lado, **las ventas**. Entre las ventas se hallaban las de Marcelino, de Vega, Charco de la Pava, Pilín, Nueva de Antequera o de Guadaira, donde incluso después de la medianoche la fiesta seguía con las puertas cerradas y con un vigilante que permanecía ojo avizor ante la posible llegada de la Policía o la Guardia Civil, momento que de producirse se apagaban las luces y se fingía finalizar la reunión, para seguir con la fiesta cuando las autoridades se marchaban.

En cambio, *El Rinconcillo* era la única taberna donde estaba permitido estar de madrugada, donde con las puertas cerradas se encontraban periodistas y cofrades entre otras personas. Este lugar sigue existiendo en la actualidad, siendo de destacar que posee cuatro siglos de historia y es **el bar más antiguo de Sevilla**, pues fue fundado en 1670.

Otra de las diversiones fueron los **cines de verano y de invierno**, donde se proyectaban diversas películas, aunque siempre sujetas a un estricto control de la censura. En 1950 abrió **el teatro Álvarez Quintero**, que se hallaba en la calle Laraña, y cuyo edificio es actualmente reutilizado como centro cultural de una entidad financiera.

¿Cómo se vivía en Sevilla durante la década de los años cincuenta? ¿Qué importantes reformas urbanísticas se llevan a cabo en Sevilla durante la década de los cincuenta?

Durante la década de los años cincuenta, en Sevilla había unas 21.000 personas que vivían en **chozas o casuchas** que se encontraban en los suburbios que circundaban la ciudad, de los que sigue perviviendo hoy día ***El Vacie***.

Hay que decir que en esta época Sevilla carecía de higiene, infraestructura sanitaria o abastecimientos organizados de agua y electricidad.

En dicha década se llevaron a cabo importantes cambios urbanísticos, principalmente los **ensanches de las calles Carrión Mejías y Alcazaba, la finalización de la autovía de San Pablo** y otra reforma muy importante que cambiaría el aspecto céntrico de la ciudad fue **el ensanche de la calle Imagen**, que fue promovido por **el marqués del Contadero**, por aquel entonces alcalde de Sevilla.

También se construyeron **diecisiete singulares edificios** que siguen aún en pie, como **la sede del Banco de Bilbao** en la calle Granada o **la residencia sanitaria García Morato**.

Edificio del Banco de Bilbao de Sevilla

¿Sabías que el 2 de febrero de 1954 hubo una nevada en la ciudad de Sevilla?

El 2 de febrero de 1954, la ciudad de Sevilla amaneció ofreciendo una imagen insólita, pues apareció cubierta de nieve, alcanzando en algunos puntos quince centímetros de espesor.

¿Sabías que el último tranvía de Sevilla fue retirado el 8 de mayo de 1960?

En Sevilla existieron varias líneas de tranvías hasta el 8 de mayo de 1960, cuando se retiró el último.

¿Sabías que durante la década de los 60 se destruyó el hermoso palacio de Sánchez Dalt y se produjo una gran expansión urbanística motivada por el grave desbordamiento del Tamarguillo?

Durante la década de los 60, se destruyeron varios edificios emblemáticos de la ciudad de Sevilla, entre cuyas pérdidas cabe destacar el palacio de Sánchez Dalt de la plaza del Duque, cuyo solar y otros aledaños fueron utilizados para la construcción del edificio de *El Corte Inglés* que sigue existiendo actualmente.

Durante la década de los 60, Sevilla sufriría una gran expansión como consecuencia de un desgraciado suceso. Y es que el 25 de noviembre de 1961 hubo una gravísima inundación por el desbordamiento del arroyo Tamarguillo. Tal suceso provocó que más de treinta mil familias se quedaran sin hogar y muchos corrales de vecinos quedasen totalmente inutilizables, propiciando que unos años después surgieran nuevas barriadas como el *Polígono de San Pablo*.

¿Qué importancia tuvo para Sevilla la década de los años 70?

La década de los años 70 resultó ser trascendental para la ciudad de Sevilla, puesto que fue designada capital de la Comunidad Autónoma de Andalucía, originando esta elección que muchos edificios realmente singulares fuesen salvados de la destrucción al ser elegidos como sedes de organismos autónomos, tal y como terminaría sucediendo con los años con el antiguo hospital de las Cinco Llagas ubicado en el barrio de la Macarena y que hoy día es la actual sede del Parlamento Andaluz.

En estos años hubo un importantísimo cambio para los sevillanos, y es que se creó **EMASESA** en 1975, con lo que finalizaron los problemas de abastecimiento de agua que venía padeciendo la ciudad.

También hubo un considerable esplendor a nivel cultural, ganando importantes premios literarios varios escritores sevillanos, como **Alfonso Grosso**.

Y a nivel deportivo también fueron años de éxito, ya que en 1979 el **Sevilla Fútbol Club** jugó la **UEFA** y en 1977 el **Real Betis Balompié** ganó la **Copa del Rey**.

Antiguo hospital de las Cinco Llagas. Actual sede del Parlamento Andaluz

SEVILLA Y LA EXPOSICIÓN UNIVERSAL DE 1992

En los inicios de **la década de los años 90**, gran parte de Europa vivió grandes cambios como **la desaparición de la Unión Soviética, el derribo del famoso Muro de Berlín** y **la proliferación de los sistemas democráticos**. Todo ello dio la oportunidad de poder vivir en paz por vez primera a los países europeos, que históricamente habían estado enfrentados por unos u otros motivos. Y en ese nuevo contexto internacional, España quiso mostrarse al mundo celebrando en 1992 dos acontecimientos verdaderamente cruciales para las ciudades donde tendrían lugar: **la Exposición Universal de Sevilla y las Olimpiadas de Barcelona**.

La Exposición Universal de Sevilla de 1992 fue realizada para conmemorar el **V Centenario del Descubrimiento de América**, siendo su **lema «La Era de los Descubrimientos»**. Fue conocida popularmente como «**Expo'92**» o «**la Expo**» y conllevó importantísimos beneficios tanto a nivel económico como urbanístico. Como toda Exposición Universal posterior a 1931, estuvo regulada por la Oficina Internacional de Exposiciones.

Para acoger la Exposición Universal se aprovecharon doscientas cincuenta hectáreas de terreno agrícola en donde se ubicaba el histórico **monasterio de la Cartuja**. Fue necesaria una gran obra de rehabilitación en el edificio, puesto que se encontraba en un estado de ruina total. La transformación de estos terrenos, conocidos como **la isla de la Cartuja**, fue considerada **la mayor obra pública de la década de los 90 en Europa**.

Decir que la construcción de los pabellones, las infraestructuras y los espacios públicos se realizó en un **tiempo récord**.

Para el evento hubo un **gran despliegue de seguridad**, con más de diez mil agentes entre guardias civiles, policías locales y vigilantes de seguridad, puesto que en los años noventa la **organización terrorista ETA** se encontraba muy activa y el año anterior había cometido un atentado en Sevilla.

Puente de la Barqueta

En el año 2007, fueron incluidos en el **Catálogo General del Patrimonio Histórico Andaluz** algunos de los pabellones de la exposición: **Pabellón de Andalucía**, **Pabellón de España**, **Pabellón de Finlandia**, **Pabellón de Francia**, **Pabellón de Hungría** y **Pabellón de la Navegación**.

Pabellón de Andalucía. Hoy sede de la RTVA

¿Qué importancia tuvo para Sevilla la Exposición Universal de 1992? ¿Qué fue de los pabellones, estructuras y espacios públicos construidos para la muestra? ¿Sabías que la estación de trenes de Santa Justa y la estación de autobuses plaza de Armas se construyeron con motivo de la Expo del 92?

Cuando finalizó la Exposición Universal, algunas de las infraestructuras fueron desmanteladas o derruidas debido a su propio carácter efímero o por el peligro ocasionado por su abandono. Otras han pasado a formar parte de otras ciudades como **el famoso monorraíl** que acabó como atracción en **un centro comercial de Zaragoza**.

Por un lado, unos pabellones o plazas se han aprovechado para **usos administrativos o universitarios**, como la **Facultad de Ciencias de la Comunicación** y la **Escuela Técnica Superior de Ingenieros**. Y, por otro, diversos pabellones y plazas se han empleado para **reconvertirse** en el **parque temático Isla Mágica** y en **el Parque Científico y Tecnológico Cartuja**. Además, hay una zona monumental en torno al **monasterio cartujo de Santa María de las Cuevas** y un amplio espacio verde de recreo conocido como el **parque del Alamillo**.

Pero quizás el legado más importante para la ciudad hispalense de la Exposición Universal del 92 sea la transformación urbana, destacando el cambio efectuado en la ***estación de Plaza de Armas***, también conocida como ***estación de Córdoba***, puesto que dejó de usarse liberando de este modo ese espacio de las vías del ferrocarril. Por consiguiente, se construyó una nueva estación de trenes, —la ***estación de Santa Justa***—, que contó con la primera línea de Alta Velocidad Española, Sevilla-Madrid. Además, la antigua estación de Plaza de Armas se terminaría convirtiendo en un centro comercial. Se construyó para la Expo la **estación de autobuses de Plaza de Armas** junto a la antigua estación de Córdoba.

Con motivo de la Exposición de 1992 se realizaron los **puentes del V Centenario** y el puente **del Alamillo**. Además, se construyó el **puente de la Barqueta** para permitir el acceso peatonal del centro histórico al recinto de la Exposición Universal de 1992, pero con la intención de adaptarlo al tráfico una vez transcurriese la muestra. El puente de la Barqueta fue diseñado como un puente en arco por **Juan José Arenas de Pablo** y **Marcos Jesús Pantaleón Prieto**, ambos Ingenieros de caminos, canales y puertos.

Y, finalmente, se realizó la **autopista SE-30**, como ronda de circunvalación de Sevilla.

Puente del Alamillo. Diseñado por Santiago Calatrava

Puente de la Barqueta

Puente de la Barqueta. Diseñado por Juan José Arenas de Pablo y Marcos Jesús Pantaleón Prieto

¿Sabías que el edificio *Torre Triana* está inspirado en el castillo *Sant'Angelo* de la ciudad de Roma? ¿Sabías que *Torre Triana* se trata del mayor edificio administrativo de la Junta de Andalucía?

Torre Triana es un edificio de estilo posmoderno con forma circular y color amarillo albero que se encuentra situado en la isla de la Cartuja en Sevilla. Fue proyectado por el arquitecto navarro Francisco Javier Sáenz de Oiza, inspirándose en el castillo *Sant'Angelo* de la ciudad de Roma.

Aunque se encontraba en pie durante la Exposición Universal de Sevilla 1992, que se celebró cerca de su entorno, no fue finalizado y puesto en uso hasta 1993.

Torre Triana constituye **el mayor edificio administrativo de la Junta de Andalucía**, encontrándose en él los servicios centrales de las consejerías de Hacienda y Administración Pública, de Educación y de Turismo y Deporte.

Torre Triana

¿Qué significado posee la escultura monumental que realizó Eduardo Chillida en el muelle de la Sal?

En el muelle de la Sal hay una escultura monumental que fue realizada por el pintor y escultor **Eduardo Chillida**. Se trata del **monumento a la Tolerancia** y fue financiada por **la Fundación Amigos de Sefarad**.

El monumento se inauguró en 1992, coincidiendo con la celebración de la Exposición Universal de Sevilla.

En el acto de inauguración, el autor de la escultura pronunció las siguientes palabras:

No es mi intención dar ningún ejemplo a nadie, pero sería perfecto que algún día en Sevilla el pueblo judío, el árabe y el cristiano volvieran a darse la mano. Eso es precisamente la idea que refleja el monumento.

Monumento a la Tolerancia

La Torre Schindler es una torre mirador construida con motivo de la Exposición Universal de 1992 y realizada por el arquitecto Guillermo Vázquez Consuegra

LAS CONTROVERTIDAS ÚLTIMAS NOVEDADES ARQUITECTÓNICAS Y URBANÍSTICAS HISPALENSES

¿Sabías que el Metropol Parasol, conocido como «Las Setas», es la estructura de madera más grande del mundo? ¿Sabías que su diseño está inspirado en las bóvedas de la catedral de Sevilla? ¿Sabías que, en 2013, el espacio Metropol Parasol fue elegido como uno de cinco proyectos finalistas del Premio de Arquitectura Contemporánea Mies van der Rohe?

Además de la gran estructura de madera cuenta con dos columnas de hormigón que albergan los ascensores de acceso al mirador, desde donde se puede contemplar una vista panorámica del casco antiguo de la ciudad hispalense.

El diseño de esta imponente estructura está inspirado en las **bóvedas de la catedral de Sevilla**, pero debido a su perfil fungiforme, pronto fue denominada como «**Las Setas**».

Tiene una altura aproximada de 26 metros y alberga en su base un **mercado tradicional** junto a locales de restauración, además del museo arqueológico ***Antiquarium*** donde se pueden apreciar **restos arqueológicos de época romana y musulmana**.

El Metropol Parasol fue inaugurado el 27 de marzo de 2011, llegando a convertirse, como consecuencia de su diseño vanguardista y la gran atracción turística que provoca, en un icono del centro histórico y de la ciudad de Sevilla.

En enero de 2013 el espacio Metropol Parasol fue elegido, entre los 335 proyectos candidatos, como uno de los cinco proyectos finalistas del **Premio de Arquitectura Contemporánea Mies van der Rohe** que conceden cada dos años la Unión Europea y la Fundación Mies van der Rohe.

Las Setas

¿Sabías que la razón de ser del proyecto Metropol Parasol es el Mercado de la Encarnación? ¿Sabías que donde hoy se levantan «Las Setas» estuvo ubicado el primer mercado de abastos de la ciudad de Sevilla? ¿Eras consciente de que *Setas de Sevilla* posee uno de los mercados de abastos más modernos del mundo?

La razón de ser del proyecto Metropol Parasol es el **mercado de la Encarnación**. Hasta 1842 este solar acogía un convento medieval que luego se convirtió en el primer mercado de abastos de la ciudad de Sevilla. Luego fue demolido en 1973 debido a problemas estructurales y durante los 37 años en que el solar estuvo vallado, los comerciantes del mercado se ubicaron en un emplazamiento provisional.

En junio de 2004 se convocó un concurso internacional y el jurado optó a favor del proyecto ***Setas de Sevilla*** de **Jürgen Mayer**, pudiendo dar acogida de esta forma a todos los antiguos comerciantes.

En la actualidad, ***Setas de Sevilla*** contiene uno de los mercados de abastos más modernos del mundo.

Las Setas

¿Sabías que la *Torre Sevilla* es el primer rascacielos de la ciudad de Sevilla? ¿Sabías que es el edificio más alto de Andalucía y el séptimo rascacielos más alto de España?

La *Torre Sevilla* tiene una planta elíptica, posee iluminación nocturna y cuenta con una altura de 180,5 metros, lo que lo convierte en el **primer rascacielos** de la ciudad de **Sevilla**, además de ser **el edificio más alto de Andalucía** y el séptimo rascacielos más alto de España.

Es conocida como *Torre Pelli*, debido a que tanto la torre como el centro comercial son edificios diseñados por el arquitecto argentino **César Pelli**. Fue concluido en 2015.

La *Torre Pelli* ha causado una gran polémica, pues fue una gran mayoría la que estuvo —y sigue estando— en contra del proyecto, por considerar su construcción un «atentado» contra el paisaje histórico de Sevilla. De hecho, se insistió en que la finalización de la torre podría conllevar que monumentos sevillanos como **la Catedral, el Alcázar** y **el Archivo de Indias** que formaban parte del **Patrimonio de la Humanidad** pudieran acabar en la **lista de patrimonio en peligro** y que además peligrara la posterior catalogación de otros monumentos hispalenses.

La ciudad de Sevilla ha tenido a lo largo de su historia edificios de escasa altura, con la excepción de la **Giralda**. Era algo que formaba parte de la esencia de Sevilla. De hecho, fueron varios los pintores españoles y extranjeros del Siglo de Oro los que pintaron la ciudad de Sevilla con edificios bajos y con la catedral sobresaliendo entre ellos.

Sin embargo, durante las obras para la **Exposición Iberoamericana de 1929, el propio rey Alfonso XIII**, llegaría a protestar al contemplar que se hacían edificios de cierta altura en el centro histórico, por lo que pidió que los edificios altos se realizaran exclusivamente en las afueras para evitar que se perdiera el carácter de Sevilla.

Incluso la **Real Academia de Bellas Artes de Santa Isabel de Hungría** se quejó de la gran altura de las **dos torres de la plaza de España**.

Era como si existiera una especie de norma no escrita según la cual ningún edificio de la ciudad podía superar la altura de la Giralda, y, de hecho, hasta la construcción de la Torre Pelli así ha sido, puesto que, aunque en la Exposición Universal de 1992 se construyeron edificios más altos que la Giralda, estos eran solamente **puentes** —el del **V Centenario** y el del **Alamillo**.

Torre Pelli

OTRAS CURIOSIDADES DE SEVILLA

¿Sabes el significado de las inscripciones que aparecen en la catedral de Sevilla?

Cuando se llevó a cabo la limpieza de los muros de la catedral de Sevilla hace unos años salieron a la luz unas extrañas pintadas de color rojizo ante la sorpresa de todos. Estas inscripciones aparecen también en el Archivo de Indias o en la calle Alemanes. Parecen ser los antepasados del ***graffiti***. Estas pinturas, denominadas o conocidas con el nombre de ***vítores***, se realizaban en reconocimiento a la consecución de un doctorado o para conmemorar alguna celebración.

El *vítor* o *víctor*, es un símbolo derivado del ***crismón*** del Bajo Imperio romano. Fue adoptado por algunas **universidades españolas** desde el siglo XIV, especialmente la de **Salamanca**, la de **Alcalá de Henares** y la de **Sevilla**, como emblema conmemorativo de quienes obtenían el título de doctor. Se trataban de inscripciones murales realizadas con pintura roja o negra que se conservan hoy en día.

El *vítor* o *víctor*, es un símbolo derivado del ***crismón*** del Bajo Imperio romano.

El ***Crismón*** es el nombre que recibe la denominación más usual de las representaciones del cristograma o monograma de Cristo: XP.

Consiste en la unión de las letras griegas X y P. Corresponden con las dos primeras letras del nombre de Cristo en griego: Χριστός —***Khristós***, que significaba «el ungido»—. En otras versiones, la P se sustituye por la T formando así una pequeña cruz latina.

El crismón aparece a veces acompañado de otros elementos, como las letras α —alfa— y ω —omega—. Ambas corresponden con la primera y la última del alfabeto griego, que representan a Cristo como principio y fin de todas las cosas.

A partir de Constantino I ***el Grande*** se incorporaría este símbolo a los estandartes de los emperadores romanos.

Luego sería adoptado por las universidades y, finalmente, durante la época franquista.

Tras la Guerra Civil Española se eligió como adecuado para ser utilizado en el ***Desfile de la Victoria*** que tuvo lugar el 19 de mayo de 1939. Y, a partir de entonces, durante toda la dictadura franquista se siguió utilizando como **emblema** propio de **Francisco Franco.**

Según algunas fuentes, existe alguna posibilidad de que **el ocultista Corintio Haza** hubiera incorporado al emblema símbolos astrológicos para proteger simbólicamente a Franco. También, **el esoterista Julius Evola** y otros interpretan cada una de sus partes en relación con la alquimia, la astrología y la masonería.

Pintadas de la Catedral de Sevilla

¿Sabías que Sevilla posee el casco antiguo más extenso de España y uno de los tres más grandes de toda Europa junto a los de Venecia y Génova?

Sevilla posee el casco antiguo más extenso de España y uno de los tres más grandes de toda Europa junto a los de Venecia y Génova.

Habría que diferenciar entre casco antiguo, que solo incluye la zona histórica anterior a la Revolución Industrial, y casco histórico, que abarca estadios posteriores.

¿Sabías que el rostro de Grace Kelly está tallado en el Ayuntamiento de Sevilla?

En el Ayuntamiento de Sevilla hay una serie de medallones tallados cuya realización fue encargada en la segunda mitad del siglo XX al escultor y catedrático de Bellas Artes Manuel Echegoyán. Tenía que tallar los medallones de la fachada de inspiración plateresca del Ayuntamiento, llegando a representarse él mismo con su esposa. Y para otro de los medallones se inspiró en Grace Kelly, una actriz muy famosa de la época dorada de Hollywood que vino a Sevilla para la *Feria de abril* del año 1966, aunque ya no era actriz y se le conocía como Gracia de Mónaco, esposa del príncipe Rainiero.

El periódico *ABC* se hizo eco de su ilustre visita, apareciendo en la portada del periódico del 23 de abril de 1966, vestida con traje de flamenca y en un coche de caballos.

La visita de Grace Kelly no dejó indiferente a Manuel Echegoyán y decidió inmortalizar a la princesa de Mónaco en uno de los medallones del edificio histórico que ocupa el ayuntamiento hispalense.

Medallón dedicado a Grace Kelly

Cruz del Ayuntamiento

¿Sabes qué significa la cruz que se encuentra junto al arquillo del Ayuntamiento de Sevilla?

Junto al arquillo del Ayuntamiento, concretamente por el lado de la plaza San Francisco, hay una plataforma con una cruz que no forman parte de la construcción y decoración primitivas, a pesar del enorme parecido.

Esta cruz tuvo su origen en 1703, año en el que se erigió para recordar el último **Auto de Fe** de la **Inquisición Española** que se realizó en la ciudad, ya que estos se celebraban en la plaza de San Francisco. En su origen era completamente lisa, sin añadidos decorativos. En 1903 fue sustituida por la pieza actual, que sigue la estética renacentista de la fachada realizada por **Diego de Riaño** a la que está adosada.

¿Sabes cuáles son los cinco títulos del escudo de la ciudad de Sevilla y quién se los otorgó?

El título de «**Muy noble**» le fue otorgado por el Rey Fernando III.

El título de «**Muy leal**» le fue otorgada por Alfonso X ***el Sabio***, en agradecimiento al hecho de que Sevilla se mantuvo siempre leal al rey castellano hasta el final de sus días y no apoyaron a su hijo Sancho.

La de «**Muy heroica**» fue concedida por Fernando VII a petición del Ayuntamiento en agradecimiento por el esfuerzo hecho por Sevilla para expulsar las tropas francesas.

El título de «**Invicta**» se debe a la reina Isabel II, por la resistencia de la ciudad hispalense al bombardeo del general Espartero que fue regente durante la minoría de edad de la reina.

El título de «**Mariana**» se lo concedió el general Franco a petición de la Hermandad de San Bernardo en 1946.

¿Sabías que la famosa *Feria de abril* de Sevilla la inventaron un catalán y un vasco?

Los orígenes de la ***Feria de abril*** de Sevilla se encuentran en el 25 de agosto de 1846, cuando los concejales y empresarios asentados en la ciudad **Narciso Bonaplata** —catalán— y **José María Ybarra** —vasco— propusieron al Cabildo Municipal la celebración de una feria anual agrícola y ganadera.

Al principio se trataba simplemente de una feria-mercado, que se celebraba en el **prado de San Sebastián**. Luego, en el año1859 la feria dedicaría un mayor espacio a la fiesta que al mercado, y, finalmente, entre 1947 y 1956 la feria pasó a ser simplemente una fiesta, sin componente mercantil alguno.

¿Sabías que la primera feria de Sevilla que tuvo lugar en el recinto de *Los Remedios* fue en el año 1973? ¿Sabías que al principio tenía siete puertas en lugar de una sola como ocurre actualmente?

La primera feria de Sevilla que tuvo lugar en el recinto de *Los Remedios* fue en el año 1973, puesto que antes la feria tenía lugar en el prado de San Sebastián. Dicho traslado permitió pasar de medio centenar de casetas a seiscientas treinta.

Es realmente curioso que en el recinto ferial de ***Los Remedios*** antaño existieran siete puertas en lugar de una sola puerta como ocurre actualmente, y es que había una portada principal y además seis secundarias.

¿Sabías que el Real Alcázar de Sevilla es el palacio real en uso más antiguo de Europa?

El Real Alcázar de Sevilla es el lugar donde residen los miembros de la Familia Real Española cuando visitan la ciudad hispalense, lo que lo convierte en el palacio real en uso más antiguo de Europa.

Real Alcázar de Sevilla

Real Alcázar de Sevilla

¿Qué verdad se oculta tras la *reja del Diablo*? ¿Sabías que dicha reja debería llamarse *reja de los Álvarez*?

La reja conocida por todos como ***reja del Diablo***, en verdad, ni es tan antigua como se piensa ni su autor desconocido.

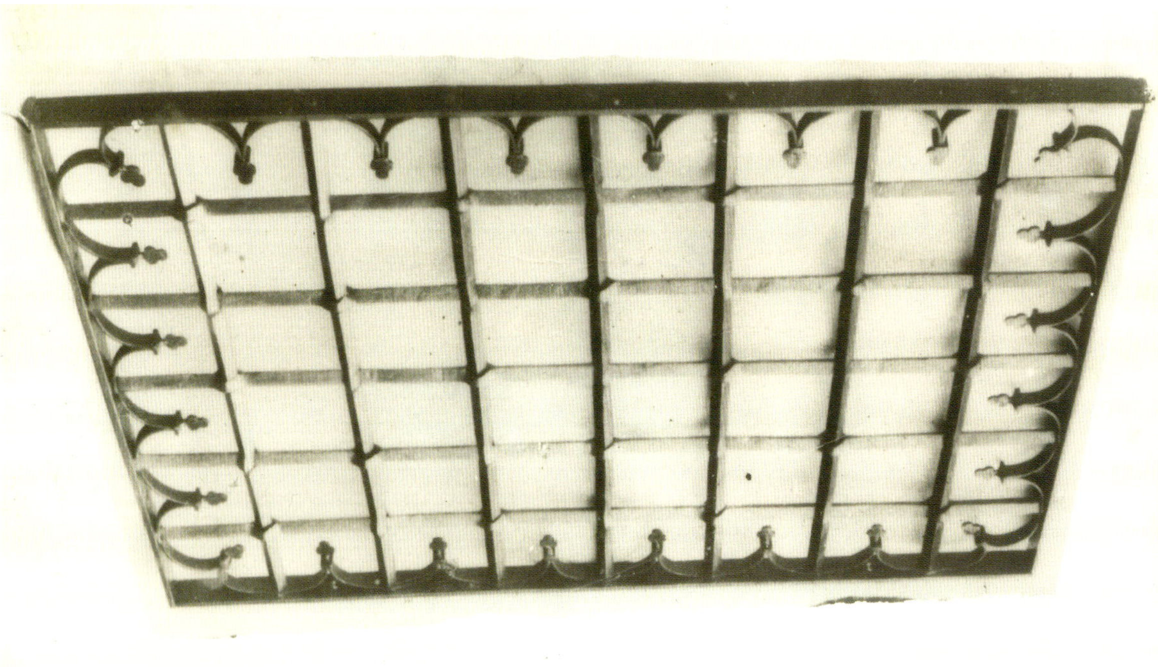

Fotografía del primer tercio del siglo XX que muestra la reja del Diablo[1]

1. Todas las imágenes que acompañan el texto de este último apartado del libro han sido cedidas por la familia directa de los autores

De hecho, dicha reja data del primer tercio del siglo XX y sus autores son dos sevillanos, padre e hijo, que tuvieron la suerte de nacer en la ciudad a la que está dedicado este libro. Sus nombres son ***Miguel Álvarez*** y ***José Ramón Álvarez Rodríguez***.

Los dos eran forjadores y fueron a **Bilbao** a presentar esa reja al **Certamen Nacional del Trabajo** que iba a tener lugar en dicha ciudad en **agosto de 1928**.

CERTAMEN NACIONAL DEL TRABAJO

ORGANIZADO POR EL EXMO. AYUNTAMIENTO

BILBAO

DIPLOMA OTORGADO A

D. Miguel Alvarez

QUE OBTUVO EL PREMIO Medalla de bronce y 100 ptas.

EN LA SECCIÓN Cuarta.

OFICIO Industria del Hierro y otros metales.

DE DICHO CERTAMEN.

EL ALCALDE

POR LA COMISIÓN DEL CERTAMEN
EL PRESIDENTE

AGOSTO 1928

Diploma del Certamen Nacional del Trabajo de 1928

Anverso y reverso de la medalla de bronce obtenida en el Certamen Nacional del Trabajo de 1928

La idea de la reja fue de Miguel Álvarez, y, su hijo, José Ramón, fue quien la ejecutó. Sin embargo, José Ramón decidió que fuese su padre, ya enfermo en aquel entonces, quien obtuviese todos los méritos en caso de obtener algún premio en el concurso. Tal decisión partió del inmenso amor que le profesaba a su padre y el temor por la inminente pérdida.

Miguel Álvarez

José Ramón Álvarez Rodríguez

Acreditación de oficio de don José Ramón Álvarez Rodriguez

El misterio de esta reja es que nadie es capaz de saber por dónde se empezó a realizar, pues ambos artífices se llevaron el secreto a la tumba. Por otro lado, el entrecruzamiento de los hierros es tan complicado que parece que estuviéramos delante de un tapiz más que ante un trabajo de forja, siendo tal motivo el que ha llevado a muchos a creer que fue la mano del Diablo la que hizo posible tan inverosímil creación. Por eso, es conocida como ***la reja del Diablo***, cuando la gran verdad es que debería de conocerse esta magistral obra como ***la reja de los Álvarez.***

BIBLIOGRAFÍA Y PÁGINAS WEBS CONSULTADAS

Bibliografía

Albardonedo Freire, A. (2002). *El Urbanismo de Sevilla durante el reinado de Felipe II*. Sevilla: Guadalquivir Ediciones.

Amador de los Ríos, J. (1844). *Sevilla pintoresca o Descripción de sus más célebres monumentos artísticos*. Sevilla: Francisco Álvarez y Compañía.

Arenas Soler, J. M.; Marchena González, M. R. (1989). *Un paseo por el Parque de María Luisa*. Sevilla: C. P. de E. P. A. San Juan de la Cruz. 1989.

Arjona Castro, A. (1980). *Andalucía musulmana, estructura político administrativa*. Ed. Cajasur.

Arranz Márquez, Luis. (2006). *Cristóbal Colón: misterio y grandeza*. Editorial Marcial Pons Historia.

Arzadun, J. (1942). *Fernando VII y su tiempo*. Madrid: Summa.

Balbotín de Arce, T. y otros (1992). *Crónica de una Transformación Urbana*. Sevilla: Gerencia de Urbanismo del Ayuntamiento de Sevilla.

Barrionuevo Ferrer, A. (2003). *Sevilla: las formas de crecimiento y construcción de la ciudad.*

Benaboud, M. (1992). *Sevilla en el siglo XI. El Reino Abbadi de Sevilla (1023-1091).* Biblioteca de Temas Sevillanos.

Blanco Freijeiro, A. *Historia de Sevilla. La Ciudad Antigua.*

Borrás Gualis, Gonzalo M. (2000). *El Islam. De Córdoba al Mudéjar*. Sílex. 2000.

Braojos Garrido, A. (1992). *Alfonso XIII y la Exposición Iberoamericana de Sevilla de 1929*. Sevilla: Secretariado de Publicaciones, Universidad. ISBN 84-7405-960-7.

Bueno Manso, F. y otros. (2000). *Jardines y parques de Sevilla*. Diario de Sevilla y Caja Rural del Sur.

Cardoso Bueno, D. A. (2006). *Sevilla. El Casco Antiguo. Historia, Arte y Urbanismo*. Ediciones Guadalquivir.

Collantes de Terán Sánchez, A (1980). El «alboroto», a título de comunidad, de 1520 en Sevilla.

Danvila y Collado, M. (1987). *Historia crítica y documentada de las Comunidades de Castilla (1897-1900)*. Boletín de la Real Academia de la Historia, tomo 30. Año 1897.

De Mena, J. M. (1970). *Historia de Sevilla.*
–*Tradiciones y leyendas sevillanas.* Plaza y Janés.

Elías Bonells, J. *Plantas y jardines de Sevilla.* Ayuntamiento de Sevilla. Delegación de Parques y Jardines. pp. 65-66. «D.L. SE-104-1983».

Fernández Rojas, M. (2013). *Las Reales Atarazanas de Sevilla.* Sevilla: Arte Hispalense. ISBN: 978-84-7798-340-8.

Gómez Ramos, R. (1992). *Sevilla. «La España gótica»*. Andalucía 11. Madrid: Ediciones Encuentros S. A.

González Jiménez, M. *Orígenes de la Andalucía Cristiana. Historia de Andalucía.* Tomo II. Editorial Planeta.

Guerrero León, M. (2006). «Cronistas de los Viajes Colombinos» en *Revista de Humanidades Tecnológico de Monterrey* (20): pp. 112-129.

Guichot y Parody, J. (1982). *Historia General de Andalucía.* Tomo I. Córdoba: Ed. Fundación Paco Natera.

Hernando Carrasco, J. *Arquitectura en España (1770-1900).* Ediciones Cátedra.

Ife, Barry W. (1992). «Introduction to the Letters from America». London: King's College.

La Parra López, E. (2018). *Fernando VII. Un rey deseado y detestado.* Barcelona: Tusquets. XXX Premio Comillas de Historia, Biografía y Memorias.

Lafita, T. y otros (1998). *Sevilla turística y cultural. Fuentes y monumentos públicos.*

López de Coca Castañer, J. E. *Historia de Andalucía.* Tomo II. Editorial Planeta.

Marqués de Lozoya. *Historia de España.* Tomo I. Ed. Salvat.

Montoto, S. (1990). *Biografía de Sevilla.* Sevilla: Ed. J. Rodríguez Castillejo.

Morales, A.; Sanz, M. J.; Serrera, J. M.; Valdivieso, E. *Guía artística de Sevilla y su provincia.* ISBN: 84-7798-210-4.

Morales Padrón, F. *Historia de Sevilla. La Ciudad del Quinientos.* Universidad de Sevilla. Colección de bolsillo. 2.ª Edición.

–(1990). *Primeras cartas sobre América (1493-1503).* Sevilla: Universidad de Sevilla.

Navascués, P.; Quesada Martín, M. J. (1992). *El siglo XIX bajo el signo del romanticismo. Introducción al arte español, 8*. Madrid: Silex Ediciones.

Ortiz de Zúñiga, D. *Anales eclesiásticos y seculares de la ciudad de Sevilla.*

Pérez-Mallaina Bueno, P. E. (2012). «Las Reales Atarazanas de Sevilla, 1252-1493. Un astillero medieval en el extremo occidental de Europa» en *Descubridores de América. Colón, los marinos y los puertos*. Madrid: Sílex Ediciones, pp. 349-367. ISBN: 978-8-4773-7739-9.

Ramos Pérez, Demetrio. (1983). *La carta de Colón sobre el Descubrimiento.* Diputación Provincial de Granada.

Raya Rasero, R. (2010). *Sevilla en la Historia y la Leyenda.* Guadalturia Ediciones.

San Isidoro. *Etimologías.* Libro XV, capítulo 1, 71.

Sánchez Mantero, R. (2001). *Fernando VII. Borbones, 6.* Madrid: Arlanza.

Sancho Corbacho, A. (1952). *Arquitectura barroca sevillana del siglo XVIII.* Madrid: Instituto Diego Velázquez. Consejo Superior de Investigaciones Científicas. p. 68.

Sanz, M. J. «El Giraldillo, La Mujer Guerrera, y su relación con la pequeña escultura». España: Universidad de Sevilla.

Sanz López, C. (1958). *Bibliografía general de la Carta de Colón.* Madrid: Librería General Victoriano Suárez.

Sept lettres de Mérimée a Stendhal. pp. 7-11. Rotterdam: Mérimée. 1898.

VV. AA. *Enciclopedia Espasa.*

VV. AA. (1980) *Historia de Andalucía.* Tomo I. Editorial Planeta.

Villar Movellán, A. (1985). *Arquitecto Espiau. Diputación de Sevilla.* p. 14. ISBN: 84-505-2278-1.

Páginas Webs

http://buscabiografías.com/cgi-bin-verbio.cgi?id=8072
https://casarealdeespana.es/2016/06/24/el-amor-sin-perdices-de-alfonso-xii-y-María-de-las-mercedes/
http://culturadesevilla.blogspot.com/2010/03/sevilla-inspirada-torretriana.html
http://dbe.rah.es/biografias/55457/antonia-diaz-fernandez-de-lamarque
http://elmedicointeractivo.com/tifus-reina-mercedes-20110919191714040490/
https://elpais.com/diario/2002/01/20/andalucia/1011482550_850215.html
https://elpais.com/diario/2010/06/29/cultura/1277762402_850215.html
https://es.wikipedia.org/wiki/Alameda_de_Hércules
https://es.wikipedia.org/wiki/Antiquarium_—Sevilla—
https://es.wikipedia.org/wiki/Arquitectura_regionalista
https://es.wikipedia.org/wiki/Batalla_de_Las_Navas_de_Tolosa
https://es.wikipedia.org/wiki/Carmen_—ópera—
https://es.wikipedia.org/wiki/Cartas_que_anunciaron_el_descubrimiento_de_las_Indias
https://es.wikipedia.org/wiki/Feria_de_Abril
https://es.wikipedia.org/wiki/Giralda
https://es.wikipedia.org/wiki/Plaza_de_Espa%C3%B1a_—Sevilla—
https://es.wikipedia.org/wiki/Real_F%C3%A1brica_de_Tabacos_de_Sevilla
https://es.wikipedia.org/wiki/Torre_del_Oro
https://es.wikipedia.org/wiki/Túmulo_del_Rey_Felipe_II_en_Sevilla
http://hemeroteca.abc.es/nav/Navigate.exe/hemeroteca/sevilla/abc.sevilla/1977/08/14/007.html
http://legadosefardi.blogspot.com/2016/02/la-cuarta-antigua-sinagoga-de-sevilla.html
https://mercadodelaencarnacion.es/
http://setasdesevilla.com/como-se-hizo/
http://setasdesevilla.com/mercado/
https://sevilla.abc.es/20100130/nacional-sevilla-actualidad/setas-encarnacion-costaran-ahora-201001300116.html
https://sevilla.abc.es/cultura/arte/sevi-partes-mundo-permanecen-38-cuadros-murillo-robaron-franceses-sevilla-201612201622_noticia.html
https://sevilla.abc.es/sevilla/20131001/sevi-refranes-sevilla-silla-201309301350.html
https://sevilla.abc.es/sevilla/20140509/sevi-coleccion-grafica-reyalfonso-201405061152.html
https://sevilla.abc.es/sevilla/sevi-999-cuadros-robaron-franceses-sevilla-201612090008_noticia.html

https://sevilla.abc.es/sevilla/sevi-vitores-vandalismo-universitario-siglos-historia-201707042126_noticia.html

http://sevillaciudad.sevilla.abc.es/reportajes/casco-antiguo/cultura-casco-antiguo/los-diez-vestigios-de-la-sevilla-romana/

http://sevillaciudad.sevilla.abc.es/reportajes/s-pablo-sta-justa/cultura-s-pablo-sta-justa/la-historica-religiosidad-de-un-lugar-llamado-cruz-del-campo/

http://sevillaciudad.sevilla.abc.es/reportajes/triana/cultura-triana/la-catedral-de-triana-el-templo-mas-antiguo-de-sevilla/

https://sevillamagicayeterna.es/glorieta-de-gustavo-adolfo-becquer-parque-de-maria-luisa/

https://sevillamagicayeterna.es/inmaculada-de-los-venerables-de-murillo/

https://sevillamagicayeterna.es/juan-de-arfe-el-cellini-espanol/

https://sevillamagicayeterna.es/la-leyenda-de-la-susona/

https://sevillamagicayeterna.es/la-leyenda-del-cachorro/

https://sevillamagicayeterna.es/la-virgen-de-las-batallas/

https://sevillamagicayeterna.es/obras-murillo-robadas-por-franceses/

https://sevillamagicayeterna.es/puente-de-barcas-de-sevilla/

https://sevillamagicayeterna.es/quien-fue-a-sevilla-perdio-su-silla/

https://sevillamagicayeterna.es/significado-cadenas-catedral-de-sevilla/

https://sevillamagicayeterna.es/titulos-del-escudo-de-la-ciudad-de-sevilla/

https://sevillamagicayeterna.es/vitores-o-victores-de-la-catedral-de-sevilla/

https://sevillapedia.wikanda.es/wiki/Jardines_de_Murillo_—Sevilla—

https://web.archive.org/web/20100327114754/http://www.sevillaweb.info/monumentos/ayuntamiento.html

https://web.archive.org/web/20140416141306/http://www.consorciotransportes-sevilla.com/comunicaciones/noticias/20100922_noticia.php

http://www.abc.es/historia/abci-infame-espanol-traiciono-pueblo-y-pidio-hijo-adoptivo-napoleon-201512150256_noticia.html

https://www.archisevilla.org/la-virgen-de-la-sede/

http://www.artehistoria.com/frames.htm?http://www.artehistoria.com/historia/personajes/5234.htm

https://www.diariodesevilla.es/sevilla/Seguridad-fiesta-paz_0_580441958.html

http://www.elmundo.es/andalucia/2015/08/07/55c49670268e3eb4708b4590.html

http://www.elmundo.es/elmundo/2012/01/25/andalucia_sevilla/1327487898.html

http://www.expo92.es/laexpo/index.php?seccion=cifras

https://www.facebook.com/SevillaMagicayEterna/posts/1104105759612263:0

http://www.iaph.es/patrimonio-inmueble-andalucia/resumen.do?id=i4558
http://www.iaph.es/patrimonio-inmueble-andalucia/resumen.do?id=i21902&ids=
http://www.iaph.es/patrimonio-inmueble-andalucia/resumen.do?id=i21946
https://www.lavanguardia.com/cultura/20130131/54362588386/metropol-parasol-de-sevilla-finalista-premio-mies-van-der-rohe.html
https://www.larazon.es/lifestyle/la-razon-del-verano/deconstruyendo-dietas/por-que-se-mintio-sobre-la-muerte-de-la-reina-mercedes-KA10327159
http://www.sevilla.org/urbanismo/publicaciones/Inventario_Monumental/Casco%20Antiguo%20Norte/CAN_235.pdf
http://www.sevillanisimo.es/monumentos-sevilla/columnas-calle-marmoles-sevilla.html
https://www.vanitatis.elconfidencial.com/casas-reales/2015-10-12/el-monasterio-de-el-escorial-la-ultima-morada-de-los-miembro-de-la-realeza-de-espana_1054732/
https://www.wdl.org/es/item/10638/

EDITORIAL
SARGANTANA